Hans- Joachim Ulbrecht
Der Bootsbazillus

Hans – Joachim Ulbrecht

Der Bootsbazillus

Anekdötchen rund ums Bötchen

Bibliografische Inf_____er Deutschen Natio-nalbibliothek:
Die Deutsche Nationa_____hek verzeichnet die-se Publikation in der Deutschen Nationalbibliografie; detaillierte bibliografische Daten sind im Internet über http://dnb.dnb.de abrufbar.

Herstellung und Verlag:
BoD – Books on Demand, Norderstedt
ISBN: 9783734734496

Von Hans – Joachim Ulbrecht sind bisher im Mohlandverlag erschienen:

Josephines große Tour
ISBN 978-3-86675-150-7

Mistral und blauer Pastis
ISBN 978-3-86675-194-1

Vorwort

Wenn einer eine Reise macht, dann kann er was erleben. Insbesondere Bootsreisen haben immer wieder einen hohen Erlebniswert. Im Laufe unserer Jahre auf dem Wasser sind wir auf vielen Gewässern unterwegs gewesen und haben rund um unser Bootsleben viele amüsante, kleine Alltagsgeschichten erlebt, an die wir uns gerne erinnern. Diese Geschichten habe ich aber nicht nur für Bootsbegeisterte aufgeschrieben, sondern für alle Menschen, die neugierig auf die Erlebnisse Anderer sind und gern mal ein wenig schmunzeln oder lachen möchten.

Ich möchte sie, meine Leser, mitnehmen in die Welt der ‚Boatpeople'. Begleiten sie uns in Gedanken und erleben sie, wie schön und unterhaltsam unsere Erlebnisse waren. Wir, das sind unser Schiff, „Josephine", meine Frau, die an Bord nicht nur in Pantry eine besondere Rolle spielt, unser Enkelkind Marie, unsere Tochter und last but not least unser Bordhund, sowie Freunde, die uns immer mal wieder auf unseren Reisen ein Stück weit begleitet haben. Zehn Stundenkilometer sind für uns mit unserer Josephine das Maß aller Dinge und so entschleunigt, schärft sich der Blick für die Ereignisse, die man im sonst bisweilen hektischen Alltag kaum wahrnimmt.

Mark Twain hat die Anekdote folgendermaßen definiert:

„Für eine Anekdote braucht man drei Dinge: eine Pointe, einen Erzähler und Menschlichkeit".

In diesem Sinne wünsche ich meinen Lesern viel Spaß beim Lesen und hoffe bisweilen ein kleines Schmunzeln auf ihren Gesichtern hervorrufen zu können.

Namensfindung

Jedes Kind muss einen Namen haben... und Schiffe oder Boote natürlich auch.

Schon bald nachdem ich im März den Bootsführerschein gemacht hatte, kam der Wunsch nach einem eigenen Boot. Je besser das Wetter wurde, desto dringlicher wurde er. Die Lust auf Freizeit und Abenteuer auf dem Wasser war nicht mehr zu bremsen. Gemeinsam mit der zukünftigen Bordfrau wurden Anzeigen in den einschlägigen Fachzeitschriften studiert und gute Ratschläge von erfahrenen Bootsbesitzern eingeholt.

Fragen über Fragen waren zu beantworten und stürzten uns in arge Verlegenheit. Wo wollen wir mit dem Boot fahren? Binnen oder in küstennahen Gewässern? Wie geräumig soll es sein? Wie komfortabel soll das Boot sein? Was muss an Ausrüstung an Bord sein?

Die wichtigste Frage war jedoch: Was darf es kosten?

Schließlich meinten wir, die richtigen Antworten gefunden zu haben. Das Boot sollte vor allem trailerbar sein und uns im Urlaub an der Mittelmeerküste Tagesausflüge und Wasserskilaufen ermöglichen. So wollten wir erst einmal Erfahrungen sammeln und feststellen, ob der Bootssport uns wirklich das erhoffte Vergnügen bereiten würde.

Nun ging die Suche von vorn los und bald war ein günstiges Angebot gefunden. Ein offenes Sportboot auf einem Trailer – leider fehlte der notwendige Außenbordmotor. Aber den würden wir auch noch finden, waren wir uns sicher.

Als das neuerworbene Gespann vor unserem Haus stand, wurde es noch einmal von allen Seiten mit strahlenden Augen begutachtet und voller Stolz stellten wir fest, dass wir nun wohl ein richtiges kleines Traumschiff besaßen. Es war nur namenslos. Der Familienrat tagte und es wurden die tollsten Vorschläge für die Namensgebung gemacht und diskutiert. Der künftige Kapitän des Bötchens bestand darauf, dass es auf jeden Fall ein weiblicher Name sein müsse. Das erfordere die Tradition der christlichen Seefahrt. So entfielen schon mal so phantasievolle Namen wie „Traumschiff" (bei 4,80 m Länge ohnehin etwas anmaßend), „Glücksfall" oder „Seeschwalbe". Nun wurden Frauennamen geprüft. Sollte es der Vorname der Ehefrau sein? Wurde von ihr massiv abgelehnt! Ein Büchlein mit ostfriesischen Vornamen half auch nicht weiter, obwohl dort viele nette Namen auftauchten, aber keiner der den Rumpf unseres kleinen Bootes zieren konnte.

Auch unsere Autos hatten schon immer Namen gehabt und da hatten wir uns gar nicht so schwer mit der Namensfindung getan. Ein Mercedes-Diesel, - behäbig, zuverlässig und recht konservativ-, den wir mal besaßen, hatte den Namen „Bismark" erhalten. Der rote Renault den wir zurzeit fuhren, war als kleiner agiler Franzose auf den Namen „Napoleon" getauft worden. Das war die Lösung! Unser Boot hing doch auf dem Trailer hinter „Napoleon" und sollte von diesem durch die Lande gezogen werden. Was lag da näher als der Name „Josephine"! Mit ein paar Spritzern Sekt, - eine stilechte Taufe mit zerschellen der Flasche am Bug hätte der Plastikrumpf wohl nicht so gut überstanden -, wurde die Taufe vollzogen. Die künftige Crew trank den größeren Teil und hoffte auf viel Spaß mit „Josephine"!

Traditionsbewusst wie wir sind, erhielten seitdem alle unsere Boote diesen Namen.

Bootsbazillus

Bazillen sind Mikroorganismen, die bei Säugetieren die verschiedensten Krankheiten hervorrufen. Und da der Mensch bekanntlich auch zu dieser Gattung gehört, wird er im Laufe seines Lebens von den verschiedensten Krankheiten geplagt, die diese kleinen Viecher übertragen. Mal ist es eine Grippe, die uns an das Bett fesselt, mal ein Magen/Darmvirus, der uns auf das stille Örtchen verbannt.

Ein ganz besonderer Bazillus ist der Bootsbazillus (lat. Bacillus navicula). Er befällt die Menschen völlig überraschend und löst bei ihnen eine große Sehnsucht nach einem Boot aus, mit dem man sich auf dem Meer, an der Küste und auf Binnengewässern bewegen kann. Art und Größe des Wasserfahrzeugs sind dabei unerheblich.

Neuere Forschungsergebnisse gehen sogar davon aus, dass dieser Bootsbazillus auch vererbbar ist und bisweilen im Generationensprung von Großeltern auf Enkelkinder übergeht. Er kann auch jahrelang unerkannt in einem schlummern und sich erst bei einem konkreten Erlebnis bemerkbar machen. Trotz intensiver Forschung ist es bisher nicht gelungen eine medikamentöse Therapie zu entwickeln. Die Krankheit lässt sich nur durch Bootserlebnisse auf dem Wasser temporär kanalisieren. Es ist dabei unerheblich, ob dies mit einem eigenen oder einem zeitlich befristet angemieteten Boot geschieht. Heimtückisch wie der Bootsbazillus jedoch nun mal ist, weckt er die Sehnsucht nach Bootstörns nicht nur während der Sommersaison. Man kann z.B. während der Bootsmesse in Düsseldorf im Januar jährlich Hundertausende Menschen erleben, die von diesem Bazillus befallen sind.

Der Krankheitsverlauf, in der Intensität bei den befallenen Menschen unterschiedlich ausgeprägt, stellt sich wie folgt dar:

Beim Anblick von Booten, sowohl im Fernsehen, in einschlägigen Zeitschriften oder in natura, bekommt der „Kranke" einen leicht verklärten Blick und fängt an ein wenig zu träumen. In dieser Phase sollte er nicht angesprochen werden, denn das abrupte Ende seiner Phantasievorstellungen kann erhebliche traumatische Folgen haben. Ein anderes Symptom ist der dringende Wunsch, die häusliche Umgebung mit allerlei maritimen Schnick-Schnack auszustaffieren. Dies verschafft den Infizierten eine gewisse Erleichterung und sollte von seinen Mitmenschen unter therapeutischen Aspekten mit großer Toleranz ertragen werden.

Auch wenn keine wirkliche Heilung möglich ist, kann der Krankheitsverlauf deutlich durch den Kauf eines eigenen Bootes abgemildert werden. Allerdings treten dann häufig Folgebeschwerden auf, wie das Verlangen nach einer besseren Bootsausstattung oder bei besonders schweren Fällen, der Wunsch nach einem größeren, schöneren Boot.

Die Befragung ihres Arztes oder Apothekers zu Risiken und Nebenwirkungen ist bei dieser Therapie im Allgemeinen zwecklos. Es sei denn man hat einen Hausarzt, der selbst Bootsbesitzer ist. Allerdings ist noch kein Fall bekannt, in dem eine Krankenkasse die Anschaffung eines Bootes finanziell unterstützt oder zumindest das Chartern als Kur anerkannt hat.

Brötchen aus Durgerdam

Das Fahren mit einem typischen Verdränger ist eine Art des Bootfahrens, die einen sehr schnell dazu bringt, alles mit einer gewissen Gelassenheit und Ruhe zu betrachten. Wenn 10 km/h das Maß aller Dinge werden, vergisst man bald die Hektik des sonst so geschäftigen Alltags.

Bisweilen kann dabei aber auch mal Wesentliches auf der Strecke bleiben.

Der Skipper hatte beschlossen nach der Fahrt durch Amsterdam den kleinen Hafen von Durgerdam anzulaufen, um dann am nächsten Tag von dort aus über Markermeer und Ijsselmeer gen Heimat zu dampfen.

Während der Fahrt durch Amsterdam scherte aus unserem Konvoi, der sich an der Oranje-Schleuse vor der Fahrt durch die Stadt der Grachten gebildet hatte, ein Segler aus und machte am Kanalufer vor einem Supermarkt fest, um dort einzukaufen. Dies veranlasste die Bordfrau, kurz darauf hinzuweisen, dass wir auch noch einkaufen müssten; insbesondere Brot !

Da es zu den Eigenheiten meiner Frau gehört beim Bäcker häufig erst unmittelbar vor Geschäftsschluss aufzutauchen und wir deswegen schon alle Varianten von Ladenhütern des Backwarenfacheinzelhandels genossen haben, überschlug ich kurz, wann wir Durgerdam erreichen würden; - wahrscheinlich am frühen Nachmittag. Also genug Zeit zum Einkaufen!

In Durgerdam angekommen, schnappten wir uns den Bordhund und setzten mit einer kleinen Seilzugfähre von der Steganlage zum Ufer über. Bei den pittoresk auf dem Deich gelegenen Häusern suchten wir allerdings vergeblich nach einer Einkaufsmöglichkeit; außer zwei Gaststätten war da nichts. Vom Hafenmeister erfuhren wir, dass unsere Idee, in

Durgerdam einkaufen zu wollen, nicht besonders toll war. Durgerdam würde von einem fahrenden Lebensmittelhändler versorgt und der käme erst übermorgen wieder hier vorbei. Wat nu???

Zurück an Bord kramte die Bordfrau die eisernen Reserven raus und meinte mit Blick auf das nicht gerade üppige Angebot, dass es wohl zum Überleben reichen würde.

Plötzlich ein jubelnder Aufschrei: Auf dem Deich war der Verkaufswagen eines Bäckers angekommen. - Runter vom Schiff; hin zur Seilfähre; im Akkord zum Ufer; den Deich hochgerannt und ....der freundliche junge Mann, der zu dem Wagen gehörte, machte sein Auto auf und wir guckten in gähnende Leere. Er erklärte uns, dass er nur seine Mutter besuchen wolle und leider kein Brot mehr zu verkaufen hätte.

Also doch Reste-Essen.

Enttäuscht gingen wir zu der Fähre zurück und kurbelten uns - nun mit deutlich weniger Schwung - zurück in Richtung Steg, als der junge Mann den Deich herunterlief, hinter uns herrief und bedeutete, dass wir noch mal zurückkommen sollten.

Zurück am Ufer übergab er uns eine prall gefüllte Tüte mit Brötchen, die seine Mutter aus der Tiefkühltruhe geholt hatte, nachdem sie von unserer Pleite gehört hatte und wünschte uns „Guten Appetit". Von einer Bezahlung wollte er absolut nichts wissen, sondern drehte sich lächelnd um und fuhr mit seinem leeren Bäckerauto davon.

Die Brötchen haben uns köstlich geschmeckt und wir werden Durgerdam und den knusprigen Beitrag zur Völkerverständigung in bester Erinnerung behalten.

Es müssen also nicht immer Tulpen aus Amsterdam sein, Brötchen aus Durgerdam können bisweilen sehr viel mehr Freude machen.

Das Mari(n)timklo

Für den richtigen Bootsfahrer ist die Zeit, die er nicht an Bord verbringen kann, eine schlimme Zeit. Besonders im Herbst und Winter, wenn das Boot eingemottet auf dem Trockenen liegt, ist das Warten auf die nächste Saison schon eine arge Geduldsprüfung.

Das Lesen einschlägiger Literatur ist da zwar eine Hilfe, kann aber natürlich nicht das maritime Ambiente eines Bootes mit allem was so dazugehört ersetzen.

Um diese Belastung in Grenzen zu halten, liegt es nahe, sich auch Zuhause eine maritim gestylte Umgebung zu schaffen, in der man nicht nur von schönen Törns träumen kann, sondern alles was das Skipperherz erfreut auch direkt vor Augen hat.

Als der Skipper beim sonntäglichen Mittagessen diese Gedanken das erste Mal beiläufig erwähnte, zog die Hausfrau (im Sommer die - [fast] - alles ertragende Bootsfrau) in Vorahnung hausverschönernder Maßnahmen die Stirn kraus und erklärte erst einmal: „Nur über meine Leiche!"

Wie es bei allen Verhandlungen zu weltbewegenden Veränderungen üblich ist, setzten nun die Sondierungsgespräche ein und es wurden sachliche Argumente ausgetauscht, wie z.B., dass maritime Kostbarkeiten wie alte Flaggen oder ähnliches unser Haus ungemein schmücken würden, contra der Feststellung, dass aus unserem Haus keine Bildermolle werden solle. Oder der Hinweis auf einschlägige Museen, mit hohem kulturellen Wert, die auch prächtig anzusehen seien, wurde ganz einfach damit gekontert, dass Museen zwar schön seien, aber nur einen sehr eingeschränkten Wohnwert hätten.

Am Ende der Diskussionen dann der Kompromiss:

Der Skipper und Hausherr darf das Gästeklo maritim ausschmücken. Das Mari(n)timklo ward geboren.

Seitdem hängen auf unserem (ehemaligen) Gästeklo die niederländischen Provinzflaggen an den Wänden, die der Skipper gekauft hatte, sobald wir dort auf eigenem Kiel gefahren waren. Unter der Decke ist eine arg zerschlissene Deutschlandflagge angebracht, die unser erstes Schiff zierte und die manch kräftigen frischen Wind zu überstehen hatte. (Im Mari(n)timklo ist der Wind bisweilen auch recht kräftig, aber frisch...???) Ein ausrangierter Kompass zeigt, wo's lang geht und, mit einem Nebelhorn können im Bedarfsfall Notsignale gegeben werden (ein kurz, ein lang = Klopapier ist alle!) und auf einem extra installierten Sims ist der gesammelte maritime Schnick-Schnack vergangener Törns zu bewundern. Neben dem Klo liegt ein Stapel Bootszeitschriften und Ausrüstungskataloge, so dass einem nie langweilig wird.

Und wenn wir Besuch haben, bereichert es die Unterhaltung, wenn man feststellt, dass einer der Gäste schon längere Zeit als vermisst gilt, weil die durchschnittliche Sitzungszeit (auch bei nicht schiffsbegeisterten Gästen) seit der Umgestaltung deutlich zugenommen hat.

Erst als der Skipper die grandiose Idee hatte noch eine Spieluhr installieren zu wollen, die bei Belastung der Toilettenbrille „La Paloma" spielen sollte und er für die vorweihnachtliche Stimmung einen kleinen Tannenbaum mit Buddelschiffen aufstellen wollte, drohte die schon arg belastete Bord-/Ehefrau mit Liebesentzug und Flucht auf landgebundene Fahrzeuge.

Um die eingespielte Crew nicht zu sprengen und in Erinnerung an manch schönen gemeinsamen Törn hat der Skipper auf Musik und Stimmung verzichtet.

Selber singen ist aber gestattet.

Die Morgentoilette

Unsere Freunde hatten sich nach langem Suchen endlich ein eigenes Schiff zugelegt, das durch den Vorbesitzer in Eigenregie ausgebaut worden war. Das Schiff war erst vor kurzem fertig geworden und der Vorbesitzer hatte noch darauf hingewiesen, dass er noch nicht alle Funktionen so recht durchgeprüft hätte. Aber 'eingefahren' wäre es schon.

Die kurze Überführungsfahrt verlief auch ohne Probleme und wir freuten uns schon auf gemeinsame Fahrten mit unseren Familien.

Auf dem ersten gemeinsamen Törn kamen wir mit unseren beiden Schiffen in ein kleines, malerisches Dorf mitten in den Niederlanden. Die Dorfkade bot nur wenig Platz, aber wir hatten Glück und konnten mit unseren beiden Schiffen noch zwischen einem Engländer und einem Niederländer anlegen. Der anschließende Landgang endete in der Dorfschänke, wo wir auch unseren Liegeplatznachbarn von der Insel etwas näher kennenlernten. Bei einigen (?!) lekker Biertje und dem einen oder anderen Genever wurden Erfahrungen getauscht, Tipps gegeben und je später der Abend, desto mehr Seemannsgarn gesponnen.

Als wir wieder an Bord gingen herrschte in dem Dörfchen schon allgemeine Nachtruhe und wir bemühten uns, möglichst geräuschlos an Bord und in die Kojen zu kommen. Ein leise gezischtes „Good night" von Bord zu Bord und wir lagen in Morpheus Armen.Irgendwie träumte ich gerade von einem wunderschönen Törn durch das Wattenmeer, als sich in diesen Traum ein Geräusch einschlich, das dort überhaupt keinen Platz hatte. Es hörte sich an wie ein Preßlufthammer, der mit heftigem Stakkato einen Felsen bearbeitet; im Wattenmeer?!! - Aus den Tiefen meines Traumes gerissen erkannte ich aber, dass wohl irgendjemand mit einem Schlüssel an unsere

Bordwand trommelte und nun auch noch laut forderte, ich solle wach werden.

Gardine zur Seite, ein Blick mit noch nicht so ganz offenen Augen durch das Fenster und Gardine gleich wieder zu. Draußen auf der Dorfkade stand ein Gespenst; kreidebleich mit dünnen weißen Keksbeinen, die aus flatternden Boxershorts, die mit Weihnachtsmännern (es war übrigens Mitte Juni) verziert waren, herauskamen. Da das Gespenst nun immer lauter wurde und meinen Namen rief, riskierte ich einen zweiten Blick und erkannte meinen Freund.

An Deck geklettert hörte ich nun auch noch ein hässliches Brummen, das die nächtliche Ruhe störte. Mein Freund erklärte mir mit leicht panischem Blick, dass er doch nur ein menschliches Bedürfnis verspürt habe und in Ermangelung einer Toilette an Land, das elektrische Bordklo seines Schiffes benutzt habe. Und dies Sch..ßklo liefe nun immer weiter und mache Krach wie eine Höllenmaschine.

Rundum gingen die ersten Fenster auf und auch bei unserem englischen Freund rührte sich was.

Das Klo schlürfte und ratterte weiter.

Mein Freund hüpfte hilflos und hektisch zwischen mir und seinem Schiff hin und her und fragte immer nur, was er denn tun solle.

„Oh boy, perhaps I can help you!, übernahm der Engländer die Initiative, kletterte an Bord, suchte in der Toilette den elektrischen Anschluss der Zerhackerpumpe, ein kurzer heftiger Ruck, das Kabel zerriss und..... es herrschte wieder himmlische Ruhe.

Die Niederländer schlossen leicht schmunzelnd ob des 'Weihnachtsmanngespentes' wieder die Fenster und nachdem eine Stunde später der Bäcker seinen Laden öffnete, bedankte sich unser Freund bei den Beteiligten mit einem ausgiebigen 'Continental Breakfast'

T h a n k   y o u , T h a n k   y o u , T h a n k   y o u ! ! !

Neues Schiff – Neues Glück?

Unsere Freunde Ursula und Günther waren so nach und nach auch vom Bootsbazillus befallen worden und so wurde in den langen Wintermonaten, wo so manche Bootsgeschichte aus der Erinnerungskiste hervorgeholt wurde, der Wunsch nach einem eigenen Schiff immer stärker.

Chartern war ja auch eine Möglichkeit den Bootsbazillus zu bekämpfen, aber die Freiheit sich auch mal sehr kurzfristig für ein Wochenende aufs Wasser zu begeben, war dabei deutlich eingeschränkt. Im Sommer war kurzfristig kaum ein freies Boot zu finden, zudem ziemlich teuer und dann musste man immer wieder seine sieben Sachen an Bord schleppen.

Also! Ein eigenes Boot musste her! Intensiv wurden die einschlägigen Zeitschriften studiert, Annoncen ausgewertet und auch ein paar Schiffsmakler aufgesucht. Aber die Angebote die den Vorstellungen unserer Freunde entsprachen, sprengten deren finanziellen Rahmen und was finanzierbar war, war zu klein, miserabel ausgestattet oder ziemlich abgewrackt.

Aber dann, als die Tage schon wieder länger wurden und die Skipper von der Vorsaison-Unruhe erfasst wurden, erhielt Günther ein interessantes Angebot. Ein ehemaliger Kapitän der Handelsmarine, Jan de Vries, den wir über eine Annonce kennengelernt hatten, war fündig geworden.

Oben an der Nordseeküste lag ein Schiff, das den Vorstellungen unserer Freunde entsprach. Ein Stahlverdränger von 11m Länge und sehr gut ausgestattet. Der Preis war akzeptabel und bei der Besichtigung vor Ort wurde man sich schnell handelseinig. Allerdings war das Schiff, zwar von einem Fachmann, in Eigenarbeit ausgebaut worden, jedoch aufgrund des tödlichen Unfalls des Mannes nicht ganz fertig geworden. Die Witwe versicherte meinem Freund, dass bei einer Probefahrt alles funktioniert hätte und die Technik einwandfrei sei. Nachdem für die noch fehlende letzte Lackierung ein günstiges Angebot gefunden wurde, war der Kauf perfekt.

Das Schiff musste nun nur noch nach zu dem bereits vorhandenen Liegeplatz bei einem Ferienhaus in Lemmer gebracht werden. Haken an der Sache; es war über die langwierige Suche Ende Oktober geworden und entsprechend war das Wetter in der deutschen Bucht. Wenig tauglich für einen schönen Bootstörn. Aber was soll's! Wahre Bootsenthusiasten kann auch mieses Wetter nicht abschrecken.

Vier Wochen später war es dann so weit. Günther konnte das Schiff übernehmen und nach Holland überführen. Da mein Freund (noch) keinen Bootsführerschein besaß, bat er mich ihn zu begleiten und zumindest den ersten Teil des Törns zu übernehmen. Ich hatte noch meine Tochter Nadine als Decksmatrose und Smutje engagiert. Die Familie des Jungschiffbesitzers Günther sollte dann unterwegs an Bord genommen werden und bei der Gelegenheit sollte das Schiff zünftig getauft werden.

Dann hieß es nach der Übernahme des Bootes und einem letzten Check der Technik „Leinen los" und rüber über die Ems nach Delfzijl. Das Wetter war ganz passabel, wenn auch ein wenig kühl. In der Emsmündung zeigte sich das neue Schiff ganz in seinem Element und bestätigte uns, dass die Entscheidung es zu kaufen wohl gut gewesen war. – Der Neu-Skipper war hellauf begeistert und plante bereits jede Menge Törns mit seinem Schiff.

Es wurde schon dunkel als wir in dem zu dieser Jahreszeit fast leeren Yachthafen, der noch im Winterschlaf lag, ankamen, und dort an einem der Stege festmachten. Dort hatten wir uns mit Ursula verabredet, die mit Kai und Fay, ihren Kindern, an Bord kommen wollte, um dort eine erste Nacht auf ihrem Traumschiff zu verbringen.

Die Heizung hatte unter Deck für eine wohlige Wärme gesorgt und Ursula hatte in ihren diversen Taschen allerlei Snacks und natürlich eine Flasche Sekt für den ersten Aufenthalt an Bord mitgebracht. Wir saßen alle gemeinsam um den großen runden Tisch im Vorschiff und waren guter Dinge, träumten von künftigen Fahrten und Ursula und Günther suchten nach einem Namen für ihr Schiff, als plötzlich das Licht ausging und auch die Heizung ihre Arbeit einstellte. Günther schaute mich etwas hilflos an und fragte, was denn da wohl passiert sei. Ein Blick in den Sicherungskasten und der Fehler war ausgemacht; die Hauptsicherung war herausgesprungen. Ich versuchte vergeblich den Sicherungsschalter wieder umzulegen, aber er sprang jedes Mal sofort wieder heraus. Irgendwo in der Elektrik musste es einen massiven Kurzschluss geben. Alle Suche danach blieb erfolglos und mittlerweile waren auch die Batterien fast leer. Wir unterbrachen die Stromversorgung am Batteriehauptschalter um weitere Schäden zu verhindern. Ein telefonischer Hilferuf bei Kapitän de Vries, der in der Nähe wohnte, brachte wenigstens eine Lösung für die Nacht. Da die Stromanschlüsse auf den Stegen des Yachthafens schon abgeschaltet waren, brachte er uns ein kleines Notstromaggregat vorbei, mit dem wir wenigstens die Heizung wieder betreiben konnten, denn mittlerweile war es unter Deck schon recht kühl und ungemütlich geworden. Am nächsten Morgen sollte dann ein Techniker von der Firma, die die Elektrik an Bord installiert hatte, vorbeikommen und den Fehler suchen und hoffentlich beheben.

Ursula verabschiedete sich ziemlich enttäuscht mit Kai und Fay, um wieder nach Lemmer zu fahren.

So hatten sie sich die erste Nacht auf ihrem Schiff nicht vorgestellt.

Der Elektrikfachmann kam wie versprochen am nächsten Morgen und nach einigem Suchen fand er auch den Fehler. Bei jedem Startversuch der Maschine erstrahlte der Motorraum in einem überirdischen Glanz und kleine goldene Funken flogen wie Sternschnuppen durch die Gegend. Ein Kabel am Anlasser hatte sich gelöst und am Gehäuse des Anlassers den Kurzschluss verursacht. Der Schaden war dann rasch repariert und wir konnten unsere Fahrt, wenn auch mit deutlicher Verzögerung fortsetzen.

Vater und Sohn in der Schleuse

Sommer... und selbst in den Niederlanden strahlt die Sonne von einem strahlendblauen Himmel herunter. Es sind Ferien und die Gewässer unseres Nachbarlandes sind voll von sonnenhungrigen Urlaubern und auf den Gewässern tummeln sich Boote und Schiffe aller Größenordnung. Viele, in den langen Wintermonaten sorgfältig geplante Törns werden nun in die Tat umgesetzt. Die Freiheit auf dem Wasser ist fast grenzenlos, wenn da nicht die Schleusen wären. Sie erfordern nicht nur ein Minimum an Geschick im Umgang mit dem schiffbaren Untersatz, sondern sie kosten auch Zeit. Die haben aber wohl nicht alle Freizeitkapitäne einkalkuliert. Vor den Schleusen bauen sich immer wieder Staus auf und so nimmt es nicht Wunder, dass einige Skipper, die es offensichtlich besonders eilig haben, versuchen sich vorzudrängeln.

Wir waren auf dem Weg vom niederländischen Friesland zum Grevelingen Meer bei Rotterdam unterwegs und hatten schon etliche Schleusen hinter uns und dabei immer wieder feststellen müssen, dass es Drängler und Raser nicht auf den Straßen gibt.

Vor der Volkerakschleuse westlich von Willemstad hatte sich an diesem Morgen schon eine beachtliche Menge von Freizeitbooten eingefunden, die an den Wartesegen festgemacht hatten und darauf warteten, geschleust zu werden. Nach über einer Stunde Wartezeit waren wir in der Warteschlange soweit aufgerückt, dass wir damit rechnen konnten bei der nächsten Schleusung dabei zu sein. Das Tor ging auf und wir reihten uns in die Schlange der langsam in die Schleuse einlaufenden Schiffe ein. Der Schleusenmeister stand oben auf der Kante und wies per Megaphon den Schiffen einen Platz zu.

Wir hatten gerade fest gemacht, als hinter uns ein heftiges Gebrülle einsetzte. Ein Segelboot, mit Motor fahrend, kam von ganz hinten mit ziemlich viel Fahrt angeschossen, fuhr an der Warteschlange vorbei und in die Schleuse hinein. Am Ruder stand ein junger Mann, den das Protestgeschrei der anderen Skipper und die energische Anweisung des Schleusenmeisters die Schleuse sofort wieder zu verlassen anscheinend überhaupt nicht interessierten. Er verminderte zwar seine Geschwindigkeit etwas, für ein sauberes Anlegemanöver in der schon halbwegs gefüllten Schleuse war er aber immer noch zu schnell. Und so kam was kommen musste! Er krachte erst mal gegen die Bordwand eines anderen Schiffes und dann noch leicht gegen das Heck seines Vordermannes. Da alle Boote gut mit Fendern bestückt waren gab es keine ernsthaften Schäden, aber dennoch gingen wüste Beschimpfungen über ihn nieder und er versuchte sich nun im Rückwärtsfahren. Auch wieder mit zu viel Geschwindigkeit, was zu einer weiteren Kollision führte. Durch den Krach und das Anbumsen war wohl seine Crew unter Deck wachgerüttelt worden. Leicht verschlafen erschien ein etwas älteres Paar, wohl Vater und Mutter des Mannes am Ruder, an Deck und warf leicht geblendet von der Sonne, einen Blick auf das Chaos. Der junge Mann am Ruder hatte es mittlerweile geschafft sein Segelboot quer zwischen die anderen Schiffe zu manövrieren. Das ging nun gar nicht. Der Schleusenmeister tobte. Jetzt übernahm der Vater das Ruder, nicht ohne seinem Sohn lautstark klar zu machen, dass er sich ziemlich dämlich angestellt habe. Auf den Schiffen rundherum war ein allgemeines Grinsen oder Schmunzeln zu sehen.

Der Vater gab Gas und krachte erst mit dem Bug und dann mit dem Heck gegen die Schiffe die vor bzw. hinter ihm lagen. Im zweiten Anlauf schaffte er es dann das Segelboot wieder in Fahrtrichtung zu drehen. Nun musste er nur noch an einem anderen Schiff längsseits gehen und dort festmachen. Mit viel

Schwung warf er eine Leine zum Nachbarn. Der fing sie auch sofort und zog sie weiter zu sich heran. Vater und Sohn standen auf ihrem Segler und schauten interessiert zu, wie Meter um Meter der Leine auf dem anderen Boot verschwanden. Schließich kam das Ende der Leine und verschwand auch beim Nachbarn. Vater und Sohn hatten vergessen dies Ende bei sich zu befestigen und so dümpelte ihr Segelboot vor sich hin und trieb wieder in Richtung Schleusenmitte. Der Schleusenmeister hatte mittlerweile die Geduld verloren und dirigierte andere Boote auf die freien Plätze und wies sie an das Segelboot einfach zur Seite zu schieben. Mit viel Hallo und unter Einsatz aller verfügbaren Fender bugsierten sie Vater und Sohn an die Seite des Schiffes, an dem sie festmachen sollten.

Nachdem sie dies Manöver endlich abgeschlossen hatten, beschimpfte nun der Sohn noch den Vater ein wenig und meinte, dass der auch nicht besser fahren würde als er.

Bevor alle weiterfahren konnten, wurden noch Visitenkarten ausgetauscht, denn ein paar Kratzer hatte es schon gegeben.

Dann öffneten sich die Schleusentore und eine Schleusung mit hohem Unterhaltungswert war geschafft.

Frühjahrsputz

Frühjahr ! In dieser Jahreszeit wurden die Hausfrauen früher von einem Bazillus befallen, der sich Frühjahrsputz nannte. Mit viel Wasser und Putzmitteln wurde Haus oder Wohnung auf Hochglanz gebracht und der schmuddelige graue Winter mit all seinem Dreck und Unrat vertrieben. Der Industrie ist es jedoch gelungen, dies Putzfieber erfolgreich zu bekämpfen und es bricht heute bei weitem nicht mehr so heftig aus. Denn wenn man der Werbung glaubt, muss man nur noch mal eben mit dem Feudel durchwischen und schon ist alles so sauber, dass man sich im Glanz der Fußböden spiegeln kann.

Allerdings grassiert das Putzfieber immer noch heftigst unter den Besitzern von Booten und Schiffen aller Größen, egal wie alt diese sind. Wenn im Frühjahr Petrus Bäche und Seen vom Eise befreit hat, drängt es die Skipper mit Macht ihre schiffbaren Untersätze von Schmutz und Patina des Winterlagers zu befreien.

Auch wir waren mal wieder vom Frühjahrsputzfimmel befallen und zogen mit diversen Dosen, Flaschen Schrubber, Bürsten, Schwämmen und Unmengen von Putzlappen an Bord. Das Boot sollte mal so richtig gründlich gesäubert und auf Hochglanz gebracht werden!

Um den Kauf der nicht ganz billigen Essenzen und Cremes für die Bootskosmetik zu rechtfertigen, begann ich voller Energie mit der Arbeit. - Nach einer Stunde war ich geschafft; aber das Boot noch lange nicht! Die Bordfrau hatte unter Deck nicht nur deutlich mehr geschafft, sondern auch noch einen herrlichen Ostfriesentee zubereitet. Während die Kluntjes in der Tasse klingelten und die Sahnewölkchen ankündigten, dass dieser Genuss mir bald neue Kräfte für den Rest des mühseligen Reinigens geben würde, fragte mich meine erfahrene Hausfrau augenzwinkernd, ob ich wirklich überzeugt sei, dass meine teuren Boots-pflegemittel so viel besser seien, als ihre normalen Haushaltsreiniger. So recht konnte ich ihr nicht Paroli bieten, aber um das Gesicht nicht ganz zu verlieren, wollte ich nur noch 'mal eben' an unserem Beiboot demonstrieren wie gut mein tollen Putzmitteln waren.

Also Beiboot zu Wasser und weiter ging's. Prakti-scherweise konnte ich jetzt meinen Schwamm direkt im Hafenwasser auswaschen. Schnell wie es gehen sollte, guckte ich mir schon den nächsten Abschnitt an, den ich säubern wollte, während ich den Schwamm ausspülte. Irgendwie muss da wohl ein Wassergeist an dem Schwamm gezogen haben, denn plötzlich war ich im Wasser; das Beiboot kieloben neben mir. Meine Wasserspiele hatten nicht nur die Bordfrau alarmiert, sondern auch die Besatzungen der umliegenden Boote aufmerksam gemacht, die nun verhalten grinsend zusahen, wie ich mich an der Kai-mauer hochhangelte. Triefnass, wie ein begossener Pudel stand ich da, das Wasser triefte aus den Kla-motten und in den Schuhen quatschte der Schlamm vom Kanalgrund. Das Beiboot war bis zum Rand voll mit Wasser und Schlamm und sah gar nicht mehr sauber aus. Und meine tollen Putzmittel? - Die waren im Hafenbecken versunken. Naja, auch Wassergeis-ter wollen wohl mal saubermachen.

Um das Boot an den Davits hochzuziehen und um es dann über den Lenzstopfen zu entleeren war es natürlich viel zu schwer. Also erst einmal ausschöp-fen. Mit leichtem Fluchen ging ich an die Arbeit. All-mählich kam das Beiboot aus dem Wasser hoch und ich meinte nun, ich könnte es an die Davits hängen und dort weiter entwässern. Als ich in das immer noch halbvolle Boot einstieg, um es zum Heck zu rudern, wurden nun sehr schnell meine Schulkenntnisse über das archimedische Prinzip aus der Erinnerung zurückgerufen. Der Auftrieb reichte noch nicht aus, um das Wasser im Boot **und** mein Gewicht über Wasser zu halten. Und so versank ich ein zweites Mal in den Fluten, aber diesmal nicht kopfüber, sondern aufrecht stehend mit dem Beiboot unter den Füßen. Auf den umliegenden Booten brach man nun in lautes Gelächter aus. So einen unterhaltsamen Nachmittag hatten wohl die wenigsten erwartet und mein Nachbar bot mir für diese 'gelungene' Vorstellung, als Gage und zur Vorbeugung vor weiteren (Putz)fieberausbrüchen, erst einmal einen Genever an. Meine Putzwut war jedenfalls gut abgekühlt und nachdem das Beiboot dann geborgen war, wurde mit 'normalen' einfachen Reinigungsmitteln saubergemacht.

Big ship is coming

Hin und wieder muss man ja auch mal fremdgehen – bootsmäßig gesehen. Und so kam es, dass wir als Motorer voller Freude die Einladung unserer Freunde zu einem Segeltörn im Ionischen Meer annahmen. Ein Törn, der uns viele schöne Erlebnisse und auch einige neue Erfahrungen, nicht nur in Bezug auf das Segeln bescherte. Die Atmosphäre und die Rahmenbedingungen in den Mittelmeerhäfen unterscheiden sich doch teilweise ganz erheblich von denen, die wir in unserem Heimatrevier, den Niederlanden, gewohnt waren. Ein ganz besonderes Erlebnis hatten wir im letzten Hafen dieses Törns. Schon mit leichtem Wehmut liefen wir in Preveza ein, denn übermorgen mussten wir unseren Segler verlassen und wieder gen Heimat fliegen. Unser Skipper drehte erst einmal eine Runde durch den Hafen, um nach einem guten Liegeplatz Ausschau zu halten. Der hintere Teil des Hafens war schon reichlich belegt, aber an der sehr gepflegten Uferpromenade war noch ziemlich viel Platz. Also fiel der Entschluss dort, wie üblich römisch-katholisch, also mit dem Heck, anzulegen, recht leicht. Zumal neben uns auch noch etliche Schiffe einer Charterflotte lagen.

Kurz nachdem unser Schiff ordentlich festgemacht war und wir bei herrlichem Sonnenschein unser Einlaufbier in der Plicht genossen, zog nicht etwa ein Gewitter auf, sondern, viel schlimmer; auf der Hafenpromenade erschien die achtunggebietende Obrigkeit in Form des (über-) gewichtigen Hafenkapitäns und seines Gehilfen.

Nachdem die beiden die neben uns liegende Charterflotte inspiziert hatten, kamen sie gemessenen Schrittes auf uns zu. Ein freundliches „*Kalimera*" unsererseits wurde wohlwollend zur Kenntnis genommen und vom Hafenkapitän mit einem längeren Vortrag in griechischer Sprache erwidert. Wir verstanden natürlich kein Wort. Bis auf den letzten Satz: Big‚big ship is coming!!!" Begleitet wurde diese Ankündigung mit einer eindeutigen Geste, dass wir unseren Liegeplatz räumen müssten. Unsere Nachfrage (auf englisch) wann das große Schiff denn käme und ob es wirklich so viel Platz bräuchte, beantwortete der Hafenkapitän wieder mit dem grimmig herausgeknurrten Satz: Big‚big ship is coming!!!"

Sein Assistent sprach etwas mehr englisch und erläuterte uns auch deutlich freundlicher, dass wir über Nacht liegenbleiben könnten, weil Big ship erst ‚early in the morning' käme.

Nach einem gelungen Käpten's-Dinner in einer romantischen griechischen Taverne ging es dann recht spät in die Koje. Beim ‚Absacker' gab der Skipper jedoch noch die Parole aus, dass wir früh raus müssten, um für ‚Big ship' Platz zu machen. – Ohne dass wir gestört wurden schliefen wir friedlich bis in den Vormittag hinein. Leicht verkatert, aber gespannt, ob der Ozeanriese schon im Anmarsch sei, kletterten wir an Deck und rieben uns verwundert die Augen. Da lag in einigem Abstand von uns ein ziemlich betagtes ca. 30m langes Landungsboot der griechischen Marine und nicht etwa ein Flugzeugträger! Und ansonsten herrschte an der ganzen langen Uferpromenade gähnende Leere.

Unser Hafenkapitän tauchte auch auf und auf unsere Frage ob dies das Big ship sei, für das er die ganze Uferpromenade freigehalten hätte, zuckte er mit den Schultern brummelte etwas griechisches vor sich hin und schritt zur freundlichen und würdevollen Begrußung des Marinekapitäns.

Jungfernfahrt

Nachdem wir erste Erfahrungen mit einem offenen Sportboot gesammelt hatten und der Bootsbazillus uns immer noch fest im Griff hatte, war uns bald
klar, dass das wahre Glück dieser Erde nur in einem
größeren Boot zu finden war.

Obwohl die Saison eigentlich schon fast vorbei
war und der Bootsmarkt nicht sehr viele zu unserem
Geldbeutel passende Angebote aufwies, fanden wir
dennoch das vermeintlich ideale

neue Boot für uns. Natürlich nicht ganz neu, sondern gebraucht.

Größe und Ausstattung waren in etwa das, was
wir uns vorgestellt hatten und auch die wichtigsten
nautischen Instrumente wie Kompass und Echolot
waren vorhanden, so dass unserem Einstieg in die
nächst größere Klasse der Bootsszene nun nichts
mehr im Wege stand.

Nach dem Besitzerwechsel wurde das Boot mit
viel Eifer geputzt und die persönlichen Sachen an
Bord verstaut. Und natürlich (?) wurde das Boot auch
umgetauft, obwohl so etwas ja eigentlich Unglück
bringen soll. Aber daran dachten wir zunächst überhaupt nicht, sondern freuten uns über unser kleines
Bötchen und auf die bevorstehende Jungfernfahrt.

Schon direkt nach dem Kauf hatten wir geplant,
dass es über das Wattenmeer von Norddeich nach
Delfzijl gehen sollte und anhand der entsprechenden
Seekarten wurden ganz schulmäßig der Törn geplant
und die Kurse berechnet. Wir hatten ja gelernt, dass
richtige Seemannschaft schon bei der Vorbereitung
an Land beginnt.

Endlich war es so weit. Leinen los und ab ins Wattenmeer. Voller Spannung guckten wir über das Wasser und waren über jede Tonne, die wir entdeckten (in
Natur und auf der Karte) hellauf begeistert. Auch den

Prickenweg, der das Memmert Wattfahrwasser mar-
kiert und der uns aus dem Busetief in Richtung
Osterems führen sollte, fanden wir ohne Schwierigkeiten. Allmählich wich die anfängliche Nervosität einer
gewissen Sicherheit und wir konnten dafür mehr von
Wind, Wellen und Natur wahrnehmen. Am Ende des
Prickenweges erreichten wir die erste Tonne mit der
Bezeichnung M1 der nun weiträumiger ausgebrachten
Markierungen des Fahrwassers. Der Skipper und die
Bordfrau genossen den weiten Blick über die Wasserfläche und waren sich darin einig, dass bootfahren
doch eine wunderschöne Sache sei. Doch während
wir im Hochgefühl unserer Gefühle weiter dahinfuh-
ren, wurden wir nun doch wieder etwas unruhig, weil
die letzte Tonne nicht mehr und die nächste noch
nicht zu sehen war. Angespannt wurde die Wasserfläche abgesucht und der etwas ratlose Skipper änderte
nervös den Kurs mal ein bisschen nach Backbord,
mal ein bisschen nach Steuerbord. Der Kompasskurs
stimmte zwar nun überhaupt nicht mehr mit unserem
vorgeplanten Kurs überein, aber vielleicht war ja der
Kompass auch nicht ganz in Ordnung oder die Be-
rechnung falsch gewesen?! Also ging es weiter mit
Gefühl und Wellenschlag. Und da! Da war sie ja endlich die nächste Tonne. Sie lag zwar ziemlich weit an
Steuerbord voraus, war aber nun deutlich als Tonne
zu erkennen. Also etwas mehr Gas und direkt drauf
zu. Je näher wir kamen, desto ruhiger wurden wir,
hatten wir uns also doch nicht verfahren.

Doch dann wurde die Tonnenbezeichnung lesbar:
M1 !!! . Oh Schiet, da waren wir doch vor einer halben
Stunde schon mal vorbeigekommen! Durch unsere
'Rumkurverei' waren wir einen kompletten Kreis ge-
fahren. Das ganze also noch einmal von vorne, aber
diesmal nicht nach Gefühl navigiert, sondern nach
Kompass. Und tatsächlich, nach einer knappen hal-

ben Stunde erreichten wir wirklich die nächste, die richtige Tonne. Großes Aufatmen an Bord!

War das nun nur unsere Unerfahrenheit gewesen, oder war Neptun wegen der Bootsumtaufe so sauer auf uns, dass er uns mal zeigen wollte, dass man sich in seinem Reich tunlichst an bestimmte Regeln halten sollte?

Die Kanurolle

Wir lagen nicht vor Madagaskar, sondern in den Niederlanden in der Calenberger Gracht und die Pest hatten wir auch nicht an Bord, dafür aber jede Menge Geschirr abzuwaschen und das wiederum hasste der Skipper wie die Pest. Aber vor dem Urlaubstörn hatten wir uns mit leichtem Druck von der Bordfrau, darauf geeinigt, daß sich jeder mal mit den banalen Dingen des Lebens beschäftigen müsse und auch der Skipper trotz seiner äußerst verantwortungsvollen Aufgabe,- der Schiffsführung -, nicht davon ausgenommen sei.

Nun ja, die Absprache war im Prinzip auch in Ordnung, denn die Bordfrau hatte freiwillig die Kombüse übernommen. Vielleicht, weil sie bei den Kochkünsten des Skippers ansonsten auch möglicherweise magersüchtig geworden wäre.

Wir lagen vor einer sehr malerischen Holzbrücke, deren Brückenwärter noch für eine geraume Zeit Mittagspause hatte und so machte ich mich an den Abwasch. Unsere Tochter hatte in der Zwischenzeit entdeckt, dass man unmittelbar hinter der Brücke in einem kleinen Stichkanal Paddelboote ausleihen konnte und hatte nun nichts anderes im Sinn, als sich mal mit eigener Kraft auf dem Wasser zu bewegen.

Voller Begeisterung lief sie in Richtung Bootsverleih und kam nach 10 Minuten in einem knallgelben Bötchen angepaddelt. Mit dem Manövrieren klappte es zwar noch nicht so recht und so dauerte es eine Weile bis sie vor unserem Schiff am Kanalufer ankam.

Elner von uns sollte nun unbedingt in das Paddelboot einsteigen und mit ihr ein bisschen auf der Calenberger Gracht herumfahren. Da der Skipper wegen seiner Abwaschverpflichtung leider verhindert war, musste die Bordfrau und Mutter ran. Nicht gerade begeistert legte sie ihr Buch zur Seite, mit dem sie sich auf das Vordeck zurückgezogen hatte und ging zu unserer Tochter, während der Skipper in der Plicht weiter abspülte.

Bis jetzt war es ein geruhsamer, wunderschöner Sommertag gewesen, aber nun überschlugen sich die Ereignisse; das heißt es überschlugen sich mehr meine beiden Frauen. Die Bordfrau hatte sich vom Ufer des Kanals aus vorsichtig mit einem Bein in das Paddelboot gestellt und sich dann voller Mut mit einem kühnen Schwung ganz in das kleine Boot setzen wollen. Aber das Paddelboot war wohl nur für eine Person gedacht, denn in dem Augenblick, als sie ihr ganzes Gewicht in das Boot brachte, ging dieses leicht auf Tauchstation. Dadurch wurden Mutter und Tochter etwas reichlich feucht um den Allerwertesten, was wiederum zu panischem Gekreische und vor allem zu hektischen Bewegungen führte, welche das Paddelboot nun echt übel nahm, sich zur Seite neigte und sich schließlich mitsamt menschlichem Inhalt umdrehte.

Das Getöse und Geplatsche hatte nun auch den Skipper alarmiert, der aus der Plicht an Land sprang, um zu sehen, was denn da los sei. Dabei blieb er an dem Stapel frisch abgewaschenen Geschirrs hängen und das Geschirr, Gott sei Dank aus edelstem Plastik, polterte ins Schiff. Ein Teller verschwand allerdings auch auf Nimmerwiedersehen in der Calenberger Gracht.

Mutter und Tochter waren mittlerweile wieder aus den Fluten aufgetaucht. Beide standen triefend in der nur 1,50 m tiefen Gracht neben dem Paddelboot und waren nun damit beschäftigt das Wasser wieder dahin zu bringen wo es hingehört, nämlich außenbords. Die Bordfrau zierte ein schmuckes Haarteil aus Wasserpflanzen und die Tochter schimpfte wie ein Rohrspatz ob des etwas missratenen Unternehmens. Der Skip-

per erkundigte sich noch voller Interesse und Mitge-
fühl nach der Unterwasserwelt der Calenberger
Gracht und ging dann grinsend wieder an seinen Küchendienst. Zumindest heute hatte er das Gefühl,
dass Küchendienst bisweilen auch mal Freude macht.

Die Wasserkatze

November und die Saison war nun endgültig auch für die hartgesottensten Boatpeople vorbei. Aber das Schiff musste noch winterfest gemacht werden und so hatten wir noch einmal ein Wochenende an Bord unserer *'Josephine'* in Friesland (NL) geplant.

Es war schon dunkel als wir ankamen und das Wetter zeigte sich mit grau verhangenem Himmel, Regenschauern und einem unangenehmen Westwind von seiner unangenehmsten Seite. Der Parkplatz unseres Hafens war fast leer und gegenüber dem hektischen Treiben in den Sommermonaten war der Hafen wie aus gestorben. Nur auf zwei Schiffen war Licht zu sehen.

Während wir nun anfingen unser Auto auszuladen und die Plünnen an Bord brachten, hörten wir plötzlich ein zaghaftes und klägliches 'MIAU-MIAU'. Nach einigem Suchen entdeckten wir zwischen den Schiffen, die schon an Land gebracht waren, ein kleines Kätzchen. Aber obwohl es ständig miaute und offenbar etwas wollte, ließ es sich nicht anlocken und schon gar nicht anfassen. Immer wenn wir ihm zu nahe kamen, zog es sich weiter unter das Schiff zurück oder lief ein Stück weiter weg. Schließlich gaben wir unsere Bemühungen auf, in der Hoffnung, dass die kleine Katze zu einem nahegelegenen Bauernhof gehören würde und dorthin zurückfinden würde.

An Bord machten wir es uns gemütlich und gönnten uns das einzige dem Wetter angemessene Getränk; einen ordentlichen Grog.

Durch die Fenster konnten wir dann beobachten, dass das Kätzchen hinter uns hergekommen war und nun auf dem Freibord unseres Nachbarschiffes herumturnte. Aber auch neuerliche Annäherungsversuche blieben vergeblich. Immer wieder wich es zurück und blieb auf 'sicherer' Distanz.

Wir gaben es schließlich endgültig dran, uns um die Katze Sorgen zu machen und vertieften uns wieder in unsere Bücher.

Plötzlich heftiges Klopfen an unserer Reling; als ich den Kopf in das Schmuddelwetter herausstecke, um zu sehen was los ist, sehe ich einen anderen Skipper aus unserem Hafen auf dem Steg. Er ruft mir zu, dass gerade eine kleine Katze ins Wasser gefallen sei. Als sie bei ihm an Bord herumgeklettert sei, habe sein Hund gebellt und da sei sie wohl vor Schreck ins Wasser gefallen. Nun sitze sie irgendwo unter dem Steg und sei kläglich am wimmern.

Mit Taschenlampen bewaffnet gingen wir gemeinsam auf die Suche. Um unter den Steg gucken zu können, mussten wir uns bäuchlings auf die nassen, glitschigen Holzplanken legen und unter den Steg leuchten. Schließlich fanden wir das kleine Häuflein Elend. Das Kätzchen hatte sich auf einen Querträger gerettet, der aber vom Rand des Stegs so weit entfernt war, dass wir es nicht erreichen konnten. Wat nu? Die einzige Möglichkeit sie zu retten war, es vom Wasser aus zu versuchen. Mit einem Beiboot paddelten wir vorsichtig an das Kätzchen heran. Aber auch jetzt wollte es sich immer noch nicht anfassen lassen und wich immer weiter zurück, doch irgendwann saß sie an einer Verstrebung fest. Endlich ich konnte das kleine nasse Bündel wie eine reife Pflaume von dem Balken pflücken.

Meine Frau nahm sie auf dem Steg entgegen, trocknete sie ab und wärmte sie unter ihrem Pullover erst mal richtig auf. Ein wohliges Schnurren ließ vermuten, dass die Katze nun begriffen hatte, dass ihr von uns nichts Böses drohte. Nachdem wir dann auch noch unsere Wurst mit ihr teilten war der Bann endgültig gebrochen und sie hatte uns akzeptiert.

Seitdem sind wir Besitzer einer Katze, die passend zu unserem Schiff „*Josephine*" auf den Namen „Phinchen" getauft wurde.

Auf die Frage neugieriger Menschen, was für eine Rasse unsere Katze sei, antworten wir Ihrer Herkunft entsprechend, dass es eine sehr seltene niederländische Wasserkatze sei.

Stammtischkapitäne

Eine der schönsten Phasen beim Bootfahren ist die Zeit nach dem Anlegen, wenn man sein eigenes Schiff schon aufgeklart hat und dann zusehen kann, wie gut und geschickt andere Freizeitkapitäne ihre Anlegemanöver bewältigen. Manche Lebensgemeinschaft wird da schon argen Belastungen ausgesetzt.

Es war recht windig und wir hatten uns schon früh entschlossen mit unserer *'Josephine'* an einer Insel in einem der großen friesischen Seen, die hier jedoch als ‚Meere bezeichnet werden, festzumachen und waren schon dabei zu am grillen, als so nach und nach weitere Boote auf die Insel zusteuerten, um dort anzulegen. Schon von weitem fiel uns eine ziemlich großeMotoryacht auf, die sich nur sehr zögerlich näherte. Da sämtliche Fender außenbords baumelten, lag die Vermutung nahe, dass es sich um ein Charterschiff handelte und gute Seemannschaft nicht zu den Stärken der Besatzung gehörte. Als die Yacht näher kam, konnten wir an Bord eine Gruppe von mit Büchsenbier bewaffneten Männern ausmachen, die alle sehr sportiv und lässig mit 'geschmackvollen' Jogginganzügen bekleidet waren. Das notwendige Zusammengehörigkeitsgefühl wurde durch gleiche Baseballmützen dokumentiert. Lediglich der Mann am Steuerrad trug eine Art Kapitänsmütze.

Während sich die 'Chartie-Crew' der Insel näherte, wurde es an Bord lebhaft und die lautstarke Anweisung ihres Kapitäns lautete: „Schnappt euch alle mal ein Seil und geht auf die rechte Seite!" Sechs Mann, - nicht gerade unterernährt-, auf einer Seite, brachten das Schiff etwas aus dem Gleichgewicht und der Käpt'n kommandierte daher zwei Mann auf den Bug. Als er nun fast im rechten Winkel auf das Ufer zuhielt, sprang einer von den beiden mit einem Riesensatz an Land. Das ‚Seil‘, das er mitgenommen hatte, wickelte er schnell um einen Pfosten, so dass das Schiff erst mal am Bug festgemacht war. Der starke Wind und die nicht ganz glücklichen Maschinenmanöver des Kapitäns bewirkten aber nun, dass das Schiff mit dem Heck immer weiter vom Ufer wegtrieb und auch der Versuch, per Lassoweitwurf dem Mann an Land noch eine weitere Leine zuzuwerfen, scheiterte kläglich. Erst als ein Crewmitglied mit lautem Platschen ins Wasser fiel und dann mitsamt Leine ans Ufer schwamm, gelang es mit vereinten Kräften das Schiff 'anzubinden'.

Der Käpt'n gab nun die Parole aus, dass das Schiff ordentlich vertäut werden müsse, weil in der Nacht weiterhin mit viel Wind zu rechnen sei. Nachdem schließlich insgesamt 8 (!) Leinen um die verschiedenen Pfähle geschlungen und verknotet waren, sah die Motoryacht wie ein gut verschnürtes Postpaket aus. Aber der Käpt'n war's zufrieden.

Im Verlauf des weiteren Abends kamen wir ein bisschen mit der Männercrew ins Gespräch und erfuhren, dass dies der erste Törn einer Stammtischrunde war. Neben einigen touristischen Tipps für die nächsten Tage, versuchten wir die Jung-Seemänner auch davon zu überzeugen, dass die Verknotung ihres Schiffes nicht optimal sei. Bei aller Einsicht wollten sie aber an diesem Abend ihre dicken Knoten nicht noch mal aufdröseln.

In der Nacht zog eine Gewitterfront mit heftigen Böen und reichlich Regen über uns hinweg und während wir beim Frühstück saßen, konnten wir erleben, wie die Stammtischcrew versuchte, die kräftig zugezogenen und von dem Gewitterguß durchnässten Knoten zu lösen. Lautstark wurde über die unlösbaren, gordischen Knoten geflucht. Als jedoch einer der Stammtischbrüder auf die Idee kam, die Leinen mit einem Messer zu kappen, hatte einer der benachbarten Segler Mitleid und überreichte ihm mit den notwendigen Erklärungen seinen Marlspieker*.

Da wir in der Zwischenzeit schon ablegten, bekamen wir das Ende der Bemühungen nicht mehr mit. Letztendlich muss es der Stammtischcrew wohl doch noch irgendwie gelungen sein, ihr Schiff loszubekommen, denn als wir drei Wochen später wieder an der Insel waren, war die Yacht nicht mehr da.

*Der **Marlspieker** ist ein Universalwerkzeug an Bord eines Schiffes und dient u.a. dazu festsitzende Knoten zu lösen.

„Hallo, hier Lehmann!"

Dass mittlerweile nicht nur jeder Yuppie, der ein wenig auf sich hält mit einem Handy bestückt ist, sondern es auch schon Hausfrauen gibt, die ihre wichtigen Gespräche zwischen Einkaufsregalen abwickeln, wird einem Tag täglich demonstriert. Doch auch unter Bootsleuten erfreut sich das kleine Ding immer größerer Beliebtheit und trotz meiner Bedenken, dass man dann jederzeit erreichbar und es damit mit der Ruhe an Bord vorbei sei, überredete mich die Familie zum Kauf und wir fuhren erstmals handyausgerüstet in Urlaub.

Von den Vorteilen dieses modernen Kommunikationsmittels wurde ich dann endgültig überzeugt, als wir uns einer kleinen Schleuse in Mecklenburg näherten. Es war schon relativ spät und hinter dieser Schleuse befand sich eine Drehbrücke, die wir noch passieren mussten, wenn wir den für diesen Tag geplanten Hafen erreichen wollten. In unseren diversen Törnunterlagen konnten wir zwar keine Telefonnummer für die Brücke finden, aber in der Broschüre „Schleusen-Hotline", die der Maiausgabe der Zeitschrift *Boote* beigelegen hatte, fanden wir die Telefonnummer der Schleuse.

Nun kam das Handy zum Einsatz und es entspann sich folgender Dialog:

„Hallo, hier Lehmann!"(mit leicht mecklenburgischen Akzent)

Skipper: „Hier Sportboot Josephine. Schönen guten Tag, wir fahren gerade auf ihre Schleuse zu und würden gern wissen, ob die Brücke in Plate noch bedient wird."

Lehmann: „Hier Lehmann; aba wieso Brücke? Mit eener Brücke hab' ick nischt zu tun."

Skipper: „Ja, das weiß ich. Ich habe Sie angerufen, weil ich dachte Sie könnten mir vielleicht sagen, bis wann die Brücke bedient wird.

Lehmann: „Nee, mit eener Brücke hab' ick nischt zu tun."

Skipper: „Ja, aber wissen Sie denn nicht, ob die Brücke genauso lange bedient wird, wie Ihre Schleuse?"

Lehmann: „ Wieso Schleuse? (sehr betont) Hier is Lehmann.

Skipper: „ Ja, Herr Lehmann, ich rufe Sie von meinem Schiff aus an und will nur wissen, ob die Brücke in Plate genauso lange bedient wird, wie Sie die Schleuse bedienen."

Lehmann (allmählich etwas ungeduldig):
„Ick hab' aba ooch keene Schleuse.
Warum rufen Se **mich** deswegen an?"

Skipper: „ Herr Lehmann, ich habe hier eine Broschüre der Zeitschrift *Boote* mit den Telefonnummern der Schleusen, unter anderem auch an der Stör-Wasserstraße und da steht für die Schleuse Banzkow die Telefonnummer, die ich jetzt gewählt habe."

Lehmann:" Hallo, hier is L e h m a n n, aba ick hab' ooch mit keener Schleuse wat zu tun."

Skipper: „Aber Ihre Telefonnummer steht hier in dem Heftchen."

Lehmann (leicht genervt): "Wie, in welchet Heftchen? Hier is Lehmann und ick hab' wirklich nischt mit de Schleuse un ook mit kener Brücke wat zu tun.. Wieso steht denn meene Telefonnummer in det Heft?"

Skipper: „Ja, das weiß ich auch nicht. Das muss wohl eine Verwechslung sein Herr Lehmann."

Lehmann (etwas entspannter): „Naja, is schon jut. Aber jetzt verstehe ick ooch warum mick schon öfter Leute wegen de Schleuse anjerufen haben, Sie sind nämlich nich' der Erste, der hier wegen der Schleuse wat wissen will."

Skipper: „Tut mir leid und entschuldigen Sie bitte die Störung.

Tschüs Herr Lehmann."

Merke: Hast Du Handy, kannst Du telefonieren,..... auch wenn es nicht immer der richtige Partner ist! Aber man lernt nette Leute kennen.

Fehlstart

Endlich! Der ganz große Sommertörn, auf den wir uns schon so lange gefreut hatten und der so intensiv wie sonst kein Urlaub vorbereitet war, konnte beginnen.

Vier Wochen mit unserem Schiff lagen vor uns und es sollte in die Gewässer der neuen Bundesländer gehen. Weil es von unserem Heimathafen in Friesland in den Niederlanden bis dorthin eine ziemlich lange Anfahrt war, waren selbst vier Wochen Urlaub fast zu kurz für diesen Urlaubstrip. Wir hatten unsere *Josephine* daher an dem Wochenende vor unserem Urlaubsbeginn schon mal etwas vorgeholt und in Meppen 'zwischengeparkt'.

Unsere Tochter hatte uns nun zu *Josephine* gebracht und nach der ersten Urlaubsnacht an Bord krochen wir schon früh aus der Koje. Ein Blick aus dem Fenster versetzte unserer Urlaubsstimmung aber einen mittelschweren Dämpfer. Das Emsland präsentierte sich grau in grau mit wolkenverhangenem Himmel und leichtem Nieselregen. Also wetterfeste Kleidung angezogen und dann 'Leinen los!'.

Mit 5 km/h dümpelten wir auf dem sehr idyllischen Nebenarm der Ems, in dem der Meppener Yachthafen liegt, in Richtung Dortmund-Ems-Kanal und der Skipper holte seine umfangreichen Törnunterlagen, Fernglas, Kaffeemug und was man sonst noch so braucht in den oberen Fahrstand hoch und richtete sich dort für das erste lange Etmal ein, denn wir wollten an diesem Tag immerhin bis in den Mittellandkanal hinein fahren.

Am Ende des Seitenarms lag ein Boot der Wasserschutzpolizei, an dem wir mit einem fröhlichen Gruß vorbeifuhren, um dann in den Dortmund-Ems-Kanal einzubiegen. Nach einiger Zeit näherten wir uns der ersten Brücke, obwohl nach einem flüchtigen

Blick in unserem Törnführer an dieser Biegung eigentlich gar keine Brücke eingezeichnet war. Aber was sollte es. Vielleicht war ja die Karte nicht so ganz genau gezeichnet oder nicht mehr ganz aktuell. Und mit der Navigation auf einem Kanal musste man ja auch nicht so pingelig sein, denn was sollte man auf einem Kanal schon falsch machen können? Die nächste Brücke kam in Sichtweite und da schien auch alles richtig zu sein. Dann wieder eine Biegung und in der Ferne tauchte die erste Schleuse auf. Gemächlich näherten wir uns der Schleuse und um uns dort über UKW anzumelden, schaute ich nochmal in den Törnführer, um den Namen der Schleuse festzustellen. Es sollte die Schleuse Hüntel sein. Noch ein Kontollblick durch das Fernglas auf das große gelbe Schild an der Schleuseneinfahrt und ....

Was ist das denn? Da steht ja klar und deutlich *Schleuse Meppen*!!! Ein hektischer Blick in die Karte; leichtes Fluchen des Skippers;

Wir waren am Ende des Seitenarms ganz einfach zur falschen Seite in den Dortmund-Ems-Kanal abgebogen.

Die Bordfrau machte einige wenig schmeichelhafte Bemerkungen zu den Navigationskünsten ihres Skippers und fragte dann nur, ob wir in diesem Urlaub denn auch wirklich bis nach Mecklenburg und vor allen Dingen auch zurück kämen.

Leicht vor mich hin grummelnd drehte ich und die Fahrt ging nun in die richtige Richtung, nunmehr jetzt gen Süden.

Fröhlich grüßend passierten wir wieder das Boot der Wasserschutzpolizei, die staunend und etwas unverständlich guckend hinter uns herschaute, denn wer fuhr schon frühmorgens auf dem Dortmund-Ems-Kanal hin und her. Trotz dieses Fehlstarts wurde es übrigens ein phantastischer Törn;

.........ohne weitere Navigationsprobleme.

Tonne 37

Nachdem wir auf der BOOT in Düsseldorf erfahren hatten, dass unsere Funkanlage nicht für das ATIS-Verfahren umzurüsten war und wir im Sommer binnen quer durch Deutschland bis in die neuen Bundesländer fahren wollten, hatten wir uns entschlossen, unser Boot mit einer neuen Funkanlage auszurüsten. Schon im Frühjahr kam die neue Anlage an Bord und mit Hilfe eines befreundeten Fachmanns war sie schnell installiert und funktionierte auch einwandfrei. Unmittelbar vor unserem Urlaub schloss ich dann auch noch einen Zusatzlautsprecher im oberen Fahrstand an. Dergestalt gut ausgerüstet ging es auf in den Urlaub.

Aber schon am zweiten Urlaubstag kam aus dem Handhörer unserer neuen Funkanlage kein Ton mehr. Wir konnten zwar senden und hörten auch den Funkverkehr über den Zusatzlautsprecher, aber im Hörer herrschte 'Funkstille'. Auch alles Wackeln, Drehen und Ziehen am Kabel und klopfen auf den Handhörer, konnte den ausgefallenen Hörerlautsprecher nicht wiederbeleben. In den nächsten Tagen gewöhnten wir uns beim Funken an, das Radio abzuschalten und den Kopf immer in Richtung Zusatzlautsprecher herunterzubeugen, was für Zuschauer wahrscheinlich etwas eigenartig aussah.

Da dieser Zustand wenig komfortabel war, riefen wir von unterwegs bei der Herstellerfirma in Emden an und erhielten von dort auch eine Reihe von Ratschlägen zur Fehlerbeseitigung, die aber leider alle nichts brachten. Schließlich verabredeten wir, auf der Rückfahrt dort vorbeizukommen und das Gerät sollte dann vor Ort geprüft und repariert werden.

Der Urlaub ging allmählich zu Ende und wir näherten uns Emden.

Ich versuchte schon mal über UKW die Schleuse anzurufen. Aber alle Versuche blieben ohne Antwort und schließlich gab ich es, mit einigen nicht ganz druckreifen lautstarken Bemerkungen auf, stellte das Radio lauter und teilte der Bordfrau mit, dass ich noch mal 'für kleine Jungs' müsse. Da weit und breit kein anderes Schiff zu sehen war, erledigte ich das gleich über die Reling, was die Bordfrau mit nicht gerade freundlichen Bemerkungen zu meinem wenig gentlemanliken Verhalten kommentierte. Ich meinte dazu, dass es doch eigentlich völlig egal sei, ob ich nun direkt in das Wasser pinkelte oder ob ich es indirekt durch die Toilette nach außen laufen ließe. Diesen trauten ehelichen Dialog schloss ich grinsend mit der Feststellung ab, dass ich sowieso schon immer Mal die Tonne 37 anpinkeln wollte (denn die passierten wir gerade).

Unser Hund hatte in der Zwischenzeit am Ufer einige Schafe entdeckt und meinte nun auch noch ein bisschen zur Unterhaltung beitragen zu müssen, indem er diese lautstark ankläffte. Das führte nun wiederum dazu, dass wir unseren Hund anbrüllten mit der Kläfferei aufzuhören. Und im Hintergrund dudelte lautstark das Radio.

Als wir schließlich vor der Schleuse ankamen wunderten wir uns, dass der Schleusenwärter oben auf der Schleuse stand, wild mit den Armen herumfuchtelte und uns irgendetwas zurief. Was wollte der bloß von uns? War was mit der Schleuse nicht in Ordnung? Die Schleusentore gingen jedoch auf und wir fuhren hinein. Gefangen zwischen den Schleusentoren konnten wir dem Schleusenwärter nun nicht mehr entfliehen.

Wir hatten noch nicht ganz festgemacht, da kam er auch schon schnurstracks zu uns. Energisch forderte er uns auf, sofort unsere Funkanlage abzuschalten. Wir seien die ganze Zeit am Senden und alle Versuche uns anzurufen, seien vergeblich gewesen Man hätte alles von uns hören können; den kläffenden Hund, das Radio und mit leichtem Grinsen fügte er dann hinzu: ..."und natürlich auch Ihre intimen Gespräche!"

Mit unserem Lärm und der Diskussion über meine Pinkelei hatten wir den ganzen Dollart unterhalten. Die Funkanlage hatte sich nämlich endgültig verselbständigt und war auf Dauersendung gegangen, ohne dass wir dies bemerkt hatten.

Nachdem nun alle auf dem Dollart wussten, dass Tonne 37 gewässert worden war und was sonst noch so alles bei uns an Bord gelaufen war, wurde die Funkanlage noch am gleichen Tag von einem sehr netten Servicetechniker instandgesetzt, der in seiner Werkstatt auch zugehört hatte und sich grinsend für die gute Unterhaltung bedankte.

Unruhige Nächte

Nachdem wir stolze Bootsbesitzer geworden waren, ging unser erster großer Bootsurlaub in die Niederlande, denn dort sollte man ja paradiesische Verhältnisse für Wassersportler vorfinden. Aber es begann damit, dass wir dort, unerfahren wie wir waren, zunächst keine paradiesische sondern eine eher höllische Nacht verbrachten.

Unser erstes Ziel war Appingedam, doch die kleine Schleuse, durch die wir hindurch mussten, um dorthin zu kommen, hatte bereits Feierabend, als wir dort ankamen. Nach Delfzijl zurück wollten wir nicht und so machten wir, mehr schlecht als recht, einfach an der Kanalböschung fest. Eine wahrhaft tolle Idee! - Die ganze Nacht hindurch ließ uns die Berufsschifffahrt tanzen und von Schlaf war kaum die Rede.

Unausgeschlafen und leicht genervt, aber Gott sei Dank ohne Schäden am Boot, ging es dann am nächsten Morgen weiter nach Appingedam, mit dem Ziel, von dort weiter nach Groningen zu fahren. Anhand der Karte wählten wir den Weg über das Dampster Diep, weil wir nach dem nächtlichen Geschaukel natürlich keinen Bock mehr auf den Eemskanal hatten.

An der ersten Brücke nahm uns ein freundlicher Brückenwärter in Empfang und mit großem Staunen erlebten wir, dass für unser kleines Boot der Straßenverkehr angehalten wurde, um die Brücke öffnen zu können. Nachdem er sie wieder geschlossen hatte, schwang er sich auf sein Fahrrad, und entschwand zwischen den Häusern - aber nur um uns kurz darauf schon an der nächsten Brücke zu erwarten. Und so ging es weiter von Brücke zu Brücke; wir kamen an, der Brückenwärter kam heran geradelt, Brücke hoch, Brücke runter; schwang sich auf sein Fahrrad und auf ging es zur nächsten. Wir genossen jetzt unseren ersten richtigen Urlaubstag und die beruhigende Landschaft ließ uns schnell den nächtlichen Stress vergessen. Alles schien zeitlos.

Nach einigen gemeinsamen Brücken verabschiedete sich dann unser Begleiter mit einem freundlichen 'Tot ziens' und einigen anderen Sätzen, die wir leider nicht verstanden.

Wir tuckerten langsam weiter um die nächste Flussbiegung und .... standen unvermittelt vor einer Baustelle. Eine große Tafel am Ufer erläuterte uns, dass der Kanal 'restauriert' würde und deswegen noch einige Zeit gesperrt wäre. Oh schit!!!

Zu unserem Glück standen am Ufer einige Häuser und in einem befand sich ein kleiner 'Tante-Emma-Laden', wo uns die hilfsbereite Ladenbesitzerin erklärte, dass wir keine andere Wahl hätten, als nach Appingedam zurückzufahren, um über den Eemskanal nach Groningen zu kommen. Dazu müssten wir den Brückenwärter telefonisch anfordern, damit er uns wieder zurück begleitete. Es gäbe da nur ein kleines Problem; der gute Mann habe jetzt Mittagspause und wäre erst wieder in einer Stunde erreichbar. Aber sie würde das für uns erledigen und wir sollten doch auch erst mal eine Mittagspause machen.

Nach der angekündigten Wartezeit tauchte dann auch tatsächlich unser Brückenwärter wieder auf und so ging es wieder von Brücke zu Brücke; wir kamen zur Brücke, der Brückenwärter kam heran geradelt, Brücke hoch, Brücke runter; schwang sich auf sein Fahrrad und auf ging es zur nächsten..... bis wir nach Appingedam kamen. Hier erklärte uns der freundliche Mann, dass die Fahrt für dieses Wochenende nun endgültig zu Ende sei, weil die Durchfahrt durch die Stadt wegen einer Veranstaltung gesperrt sei. Wir verstanden zwar nicht, was das für eine Veranstaltung sein sollte, fügten uns aber in unser Schicksal und machten unmittelbar vor der nun geschlossenen Brücke am Ufer fest. Beim Landgang stellten wir fest, dass sie dick mit Torf bestreut war, konnten aber nicht erkennen wozu dies gut sein sollte. Gespannt, was sich da vielleicht am nächsten Tag tun würde, gingen wir in der Hoffnung auf eine ruhigere Nacht als gestern in die Kojen.

Die Nacht war auch deutlich ruhiger;....aber der nächste Morgen!!! Irgendwer oder -was trommelte bereits im frühen Morgengrauen lautstark auf den Holzbohlen der Brücke herum. Wir dachten, unmittelbar vor uns sei der Teufel los. Und irgendwo plärrte dazu noch ein Lautsprecher. - Als wir an Deck kamen, staunten wir nicht schlecht. Appingedam war in eine Galopprennbahn verwandelt worden und auf das Kommando: - op je plaats, - een,twee, drie, - af! stürmten Pferde mit Sulkys im Schlepptau über 'unsere' Brücke. Es war zwar etwas ungewöhnlich, die Rennen aus der Froschperspektive zu verfolgen und auf Pferdebäuche und -beine zu gucken, aber wir saßen in der allerersten Reihe und es war sicher auch sehr außergewöhnlich nicht nur mit dem Boot zum Pferderennen zu fahren, sondern auch direkt an der Rennbahn festzumachen.

Die Lokomotive auf dem Wasser

Beruflich hatte es mich vor einigen Jahren von der ostfriesischen Nordseeküste nach Köln verschlagen und damit war natürlich auch ein Umzug verbunden. So hieß es denn Abschied zu nehmen vom Wattenmeer und zu überlegen, was wir mit unserem Boot machen wollten. Verkaufen, oder mit an den Rhein nehmen, oder einen Liegeplatz in den Niederlanden suchen, lauteten die (theoretischen) Möglichkeiten. Da die ganze Familie gründlich vom Bootsbazillus befallen war, kam ein Verkauf natürlich nicht in Frage. Also sollte das Boot mitgenommen werden und zunächst der Rhein unser neues Revier werden. Ein Liegeplatz in der Herseler Werth bei Bonn war auch bald gefunden und nun war nur noch die Überführung zu planen. - Mein erster größerer Törn auf deutschen Binnengewässern.

Da meine Boots- und Ehefrau in Anbetracht des bevorstehenden Umzugs keine so rechte Lust auf einen herbstlichen Bootstrip hatte, sprang mein Freund Reinhard ein; ein begeisterter Segler, der aber keine Gelegenheit ausließ, seine Freizeit auch auf anderen Wasserfahrzeugen zu verbringen. Voller Enthusiasmus machten wir uns also an die Planung und Vorbereitung unseres gemeinsamen Törns...und hatten unser erstes Frusterlebnis. Von den niederländischen Verhältnissen verwöhnt, mussten wir feststellen, dass es kaum aktuelle und vor allen Dingen keine preisgünstigen Unterlagen über die deutschen Binnengewässer gab. Andererseits waren auch die Straßenkarten, die wir uns ansahen, für unseren Zweck nicht optimal. Aber da ja binnen keine umfassende Navigation erforderlich war, meinten wir dann doch damit auskommen zu können.

Da wir nicht mehr genügend Urlaub zur Verfügung hatten, sollte der Törn in insgesamt drei Etappen an den Oktober-Wochenenden durchgeführt werden. Zunächst lief auch alles ganz gut, zumal wir uns ja auf dem ersten Teilstück von Norddeich bis in die Emsmündung hinein noch in bekannten Gewässern bewegten. Doch dann fingen die Schwierigkeiten an. Wo und wann konnten wir tanken? Wann und wie lange wurden die Schleusen bedient? Irgendwie lösten sich zwar all diese Probleme, aber wir waren doch mit unserem Zeitplan ziemlich ins Hintertreffen geraten und gezwungen, abends so lange wie möglich weiterzufahren. Da es um diese Jahreszeit schon recht früh dunkel wurde, fuhren wir also die letzten Kilometer schon unter nächtlichen Bedingungen, obwohl unser Boot eigentlich gar nicht dafür ausgerüstet war.

Und während Reinhard mit einer kleinen Kartenleselampe versuchte das rechte Ufer anzuleuchten, um mir ein wenig Orientierungshilfe zu geben, entdeckte ich auf der linken Seite in einiger Entfernung drei im Dreieck angeordnete Scheinwerfer.

Skipper: „Reinhard, guck mal da vorne die Scheinwerfer. Was ist das wohl?"

Reinhard: „Ja, die sehe ich, aber was das ist weiß ich auch nicht. Vielleicht ist da eine Straße parallel zum Kanal."

Skipper: „In der Karte kann ich aber keine Straße entdecken und wenn es ein Auto oder Lkw wäre, müsste es sich auch deutlich bewegen."

Reinhard: „Aber was sollte es sonst sein?"

Skipper: „Vielleicht ist das eine Lokomotive, die haben ihre Scheinwerfer doch so angeordnet."

Reinhard: „Ja, das könnte sein und Eisenbahnlinien sind in unserer Karte ja auch nicht eingezeichnet."

Nach dieser Erkenntnis fuhren wir beruhigt weiter und näherten uns ganz allmählich unserer Lokomotive. Weil sie sich kaum erkennbar bewegte, dachten wir, dass sie wohl vor einem Signal warten müsse.

Doch dann, als der Abstand immer kürzer wurde, war die Lokomotive nicht mehr vorab auf dem Ufer sondern fuhr direkt auf uns zu!

Aus der Dunkelheit kam uns unaufhaltsam ein Schubverband entgegen und nahm fast die ganze Breite des Kanals für sich in Anspruch. Als wir dies endlich erkannten, war der Schreck groß. Wir verdrückten uns so nah wie möglich ans Stb-Ufer und passierten ohne Schäden, aber etwas bleich im Gesicht unsere 'Lokomotive auf dem Wasser'.

Besanschot an

Die Marine hat manchen Brauch, den die Freizeit-skipper gerne übernehmen. Dazu gehört mit Sicher-heit auch das Kommando „Besanschot an!". Dies Kommando aus der Zeit der Segelschifffahrt ertönte an Bord der Windjammer immer dann, wenn es einen besonderen Grund zum Feiern gab und der Kapitän darauf einen extra Schluck aus dem Rumfaß geneh-migte. Auch an Bord der Schiffe moderner Freizeitka-pitäne gibt es heutzutage noch häufig Anlässe für das Kommando „Besanschot an!". Sei es das (im dritten Anlauf) gelungene Anlegemanöver oder ein hervorra-gendes Menü, das die Skipperfrau trotz der engen Verhältnisse in der Bordküche gezaubert hat. Damit diese Ereignisse auch entsprechend gewürdigt wer-den können, muss man also immer einen guten Schluck an Bord vorhalten.

Die Überprüfung unserer Bestände hatte bedenk-liche Lücken in der Bordbar erkennen lassen und so stand (fast) an oberster Stelle unserer Liste für den nächsten Einkauf: „Genever einkaufen".
Glücklicherweise fanden wir am nächsten Tag einen Liegeplatz, in dessen Nähe sich ein großes Einkaufs-zentrum befand. Denn, obwohl ‚Yachties' ja bekann-termaßen gut zu Fuß sein müssen, ist es doch recht anstrengend, wenn der Proviant erst über lange Stre-cken an Bord geschleppt werden muss. Skipper, Bordfrau und Bordhund machten sich also auf den Marsch (vergaßen natürlich mal wieder den Einkaufs-roller mitzunehmen, – aber wozu gibt es Plastiktü-ten.).In einem Spirituosengeschäft wurde nach dem Motto ‚Das Wichtigste zuerst' erst einmal die Flasche Genever gekauft. Anschließend ging es dann zum Supermarkt, in den der Bordhund natürlich nicht mit

hinein durfte. Also wollten Skipper und Hund draußen warten, während die Bordfrau einkaufte. Eine Parkbank vor dem Eingang war dazu wie geschaffen. Nur, als die Bordfrau die Plastiktüte mit der Geneverflasche übergeben wollte, riss plötzlich die Tüte, mit lautem Knall zerschellte die Flasche auf dem Boden und die Glassplitter verteilten sich ringsum. Auch wenn uns augenblicklich ein betörender Duft umgab, war es nicht nur ärgerlich, dass der Genever weg war, sondern wir mussten natürlich auch noch die Splitter einsammeln. Während wir dazu auf dem Boden rumkrochen meinte der Bordhund wohl, dass er sich auch nützlich machen müsste und ohne dass wir es zunächst bemerkten, schlabberte er den Genever auf. Erst als er laut rülpste, merkten wir was da lief und holten ihn von der Alkoholpfütze weg. Aber er hatte wohl schon einiges intus.

Der Heimweg war dann für unseren Bordhund etwas beschwerlich. Leicht schwankend trottete er neben uns her und schaute uns hin und wieder mit leicht glasigem Blick an. Am Schiff angekommen weigerte er sich an Bord zu gehen, denn noch mehr schwankenden Boden unter den Pfoten konnte er wohl nicht mehr ab. Nachdem wir ihn dann mit vereinten Kräften an Bord gehievt hatten, schlief er schnell ein und gab nur noch einige Grunztöne von sich.

Beim Kommando „Besanschot an!" bekommt der Bordhund seitdem einen Hundekuchen, ansonsten verzieht er sich in die hinterste Ecke unseres Schiffes sobald er Genever riecht.

Rückwärtsegeln

Wenn man ein Boot besitzt hat man immer eine Menge Wünsche und Vorstellungen, um es besser auszustatten oder zu verschönern. Nachdem wir unsere „Josephine" über ein Jahr besaßen, hatten wir eine ganz beachtliche Wunschliste zusammengetragen. An oberster Stelle stand der Wunsch nach einem Beiboot. Insbesondere unsere Tochter forderte, dass man damit auch segeln können müsse, denn sie hatte vor einiger Zeit einen Segelkurs absolviert und wollte die dort erworbenen Kenntnisse schließlich auch mal nutzen. Andererseits sollte es auch zu rudern sein und mit einem Aussenbordmotor betrieben werden können. Also eine eierlegende-Woll-Milch- Sau.

Fast zufällig entdeckte der Skipper in einem Anzeigenblatt ein vielversprechendes und günstiges Angebot. Bei der Besichtigung vor Ort wurden wir mit dem Verkäufer schnell handelseinig und kauften das gute Stück. Passend zu unserer „Josephine" wurde es „Josephinchen" getauft.

Wir hatten das kleine Boot in der Nähe unseres Wohnortes gekauft und nun musste es zum Mutterschiff in die Niederlande gebracht werden; auch, wenn der Transport nicht ganz einfach war, denn das Beiboot war kein Schlauchboot aus dem man einfach die Luft hätte herauslassen können. Es hatte vielmehr einen festen Kunststoffrumpf. „Josephine" passte aber auf den Dachgepäckträger unseres Autos und so schafften wir das Bötchen nach Holland. Dort war natürlich die erste Probefahrt angesagt. Kraftvoll ruderten wir durch den Hafen und waren mit unserem Kauf zufrieden.

Nachdem wir uns intensiv mit der Montageanleitung für Mast und Segel beschäftigt hatten, sollte es am nächsten Wochenende unter Segel losgehen. Aber daraus wurde erst einmal nichts, denn das Wochenende war gründlich ‚vom Winde verweht‘(Windstärke 7-8) und das war uns zu ungemütlich und auch zu riskant.

Aber dann! Herrliches Sommerwetter, leichte Brise und platschglattes Wasser. Also raus aufs Ijsselmeer, „Josephine" vor Anker gelegt und „Josephinchen" zu Wasser gelassen.Während wir noch dabei waren Mast und Segel zu montieren, passierte uns in einigem Abstand eine ganze Flotte von Seglern, die offensichtlich eine Regatta segelten. Voller Interesse guckte ich mir schon mal an, wie diese erfahrenen Segler die Segel stehen hatten, denn ich wollte ja auch gleich zur Jungfernfahrt lossegeln. Bordfrau und Tochter sollten erst einmal zuschauen.

Endlich war es so weit! Das Segel ging am Mast hoch und ich legte von „Josephine" ab. Kein Motorgeräusch sondern nur das leise säuseln des Windes begleitete mich. Ein vollkommen neues Gefühl. Was machte es da schon, dass nicht der Bug von „Josephinchen", sondern das Heck in Fahrtrichtung zeigte. Alle Bemühungen, dies zu ändern blieben erfolglos; egal, wie ich das Segel um den Mast drehte oder das Ruder bewegte, ich fuhr irgendwie verkehrt rum. Selbst ein unkonventionelles Wendemanöver mit Hilfe des Notpaddels brachte den Bug nur kurzfristig in Fahrtrichtung, bevor es wieder rückwärts weiter ging. Aber immerhin bewegte ich mich in gleicher Richtung wie die Regattasegler, nur dass der Abstand zum Mutterschiff, mit Bordfrau und Tochter an Bord immer größer wurde. – Also Segel runtergeholt, „Notpaddel" raus und zurückgerudert. Nassgeschwitzt erreichte ich schließlich „Josephine" wo mich meine feixende Crew erwartete und meine Segelkünste mit wenig schmeichelhaften Kommentaren bedachte.Eine Woche später habe ich einen Außenborder gekauft!

Der Männerquilt

Mit dem Boot unterwegs zu sein heißt auch hin und wieder, schlechtes Wetter in Kauf nehmen zu müssen. Zumindest in nördlichen Gefilden gibt es selbst im Hochsommer keine Schönwettergarantie und so traf uns während eines Aufenthalts im Hafen der Insel Texel eine ausgedehnte Schlechtwetterfront, nicht nur mit Dauerregen, sondern auch mit heftigen Winden. Gezwungenermaßen hatten wir so mehrere Tage in dem sicheren Hafen der schönen Insel verbringen müssen und dann das erste Schönwetterloch genutzt, um nach Alkmaar zu schippern.

Kaum dort angekommen, holte uns der Nieselregen wieder ein und so allmählich schlug sich das auf unsere Stimmung nieder. Trübsal aller Orten; ein Besuch in einer spanischen Tapasbar, die wir in der Stadt entdeckt hatten, sorgte zwar für ein kleines Stimmungshoch, aber ansonsten war es reichlich langweilig an Bord zu sitzen, sehr viel zu lesen und auf besseres Wetter zu warten. Der Bordfrau war nicht ganz so langweilig wie dem Skipper, denn sie konnte sich ausgiebig ihrer großen Passion dem Patchworken und Quilten widmen; eine zeitgemäße und moderne Textilkunst, die fast ausschließlich von Frauen betrieben wird. Für die Herstellung eines Quilts werden Stoffstücke mit viel Akribie zerschnitten und mit großer Kreativität in vielerlei Mustern und Farbkombinationen wieder zusammengenäht. Durch dieses sogenannte Patchwork entstehen sehr individuelle und wunderschöne Quilts. Überdrüssig, nur zuzuschauen äußerte ich leichtfertig, dass ein Mann der geschickt mit Akkuschrauber, Bohrmaschine und anderen Heimwerkergeräten umgehen kann, wohl auch in der Lage sei, einen Quilt zu nähen. Meine Ehefrau schenkte mir einen skeptischen Blick über den Brillenrand hinweg und meinte: „Wenn Du meinst!

Versuch es doch selbst einmal." Dieser Herausforderung konnte ich mich natürlich nicht verweigern und ich hatte ja schon länger bemängelt, dass auf der Koje in unserer Achterkajüte eine maritime Tagesdecke fehlen würde. Meine Frau drückte mir etliche Bücher in die Hand und forderte mich auf, mir eine passende Vorlage herauszusuchen. Schnell wurde ich fündig; es sollte ein Quilt mit einer Kompassrose als zentralem Motiv werden. Genau das Richtige um unsere Achterkajüte mit maritimem Flair zu verzaubern. Die erfahrene Quilterin war allerdings skeptisch, denn dieses Motiv gehört nicht gerade zu den einfachen, für Anfänger geeigneten Objekten. „Ach, das werde ich schon hinkriegen!" , wischte ich die Bedenken locker vom Tisch. Nachdem wir den erforderlichen Stoff eingekauft hatten, begab ich mich mit viel Enthusiasmus an die Arbeit. Unter der fachkundigen Anleitung meiner Bordfrau berechnete ich Nahtzugaben, zerschnippelte die Stoffe und fing an, die ersten Stücke aneinander zunähen. Na bitte, geht doch! Voller Stolz präsentierte ich meinen ersten Block. Nur noch 79 weitere musste ich davon nähen, um die Tagesdecke für das Bett in der Achterkajüte fertig zu bekommen. Dann ging es an die Kompassrose. Das war schon sehr viel schwieriger und ich zahlte mein erstes Lehrgeld. Die ersten Segmente hatte ich gerade fertig, als meine Lehrmeisterin mir erklärte, dass ich diese wieder auftrennen müsste, weil ich teilweise nicht gerade genäht hatte, so dass die Kompassrose keinen Kreis ergeben würde und und dadurch in der Folge der Quilt krumm und schief sein würde. Also, das Ganze noch einmal. Schließlich fanden die ersten Segmente Gnade in den Augen meiner Bordfrau. Nun hatte auch Petrus mit mir ein Einsehen und ließ die Sonne wieder scheinen. Die ersten Teile meines Quilts verschwanden im Stauraum unter der Sitzecke und wir setzten unseren Törn fort. – Den Quilt konnte man(n) ja noch in den langen bootslosen Wintermonaten fertigstellen.

Jahre später - aus den Wintermonaten waren schließlich 5 Jahre geworden – wurde dann mein Kompassrosen Quilt fertig. Er gefiel mir so gut, dass ich spontan beschloss, er sei eigentlich zu schade, um ihn an Bord unserer Josephine verschwinden zu lassen. Seitdem schmückt er unser Zuhause.

Odysseus
oder
Ein Schaf wird kommen

Alkmaar. Nix Sommer, Sonnenschein und gute Laune. Regen ohne Ende und Trübsal blasen war angesagt. Nach ein paar stürmischen Tagen auf Texel lagen wir nun in Alkmaar und hofften auf besseres Wetter. Bei unseren Landgängen zum Einkaufen und Geschäftegucken kamen wir immer wieder an einem Geschäft mit allen möglichen Sachen für die Instandhaltung und Dekoration von Haus und Hof vorbei. Auch der Ladenbesitzer litt unter dem scheußlichen Wetter, denn Kundschaft.....Fehlanzeige. Dennoch dekorierte er jeden Morgen vor seinem Laden u.a. ein fast lebensgroßes Betonschaf.

Hund und Katze hatten wir ja schon, aber ein Herzenswunsch meiner Frau wäre ja noch ein eigenes Schaf in unserem Garten. Schon mehrfach hatte sie versucht mich von den Vorteilen eines solchen Haustieres zu überzeugen. Bisher war ich standhaft geblieben, denn ein Schaf würde sich einsam fühlen und gleich mehrere in unserem Garten zu halten, wäre des Guten zu viel. Und wer sollte den Stall ausmisten und sie scheren? Auch wenn wir auf dem Lande wohnen, konnte ich mir nicht so recht vorstellen, dass unsere Nachbarn Schafsgeblöke widerspruchslos ertragen würden. Nö, Schafe kamen mir nicht in den Garten! Auch das Argument, dass ich dann keinen Rasen mehr mähen müsste, stimmte mich nicht um.

Aber dies Betonschaf, das sehr echt aussah, das wäre es doch. Der Preis schreckte uns auch nicht ab und da der Ladenbesitzer, obwohl Niederländer, sogar noch ein wenig mit sich handeln ließ, waren wir ratz/fatz Besitzer eines Schafes......wenn auch nur aus Beton. Es blieb nur noch zu klären, wie wir den

‚Brocken' von immerhin rund 75 kg nach Hause bekommen sollten. Mit unserer „Josephine" wohl kaum. Die hätte das zusätzliche Gewicht zwar sicher ohne weiteres verkraftet, aber wie das Schaf an und von Bord kriegen? Der Ladenbesitzer hatte die Lösung. Ein befreundeter Spediteur würde unser Schaf für einen geringen Preis frei Haus liefern. Hörte sich gut an und nachdem wir noch den Liefertermin auf die Woche nach dem Ende unseres Sommertörns festgelegt hatten, schien alles optimal geregelt zu sein und „Josephine" blieb das Schicksal, als Viehtransporter missbraucht zu werden, erspart.

3 Wochen später. Wir waren wieder zu Hause und warteten auf unser Schaf, das diese Woche angeliefert werden sollte. Vergeblich. Anruf in Alkmaar: „Was ist mit unserem Schaf?" Der Spediteur hatte es rechtzeitig abgeholt und der Verkäufer versprach uns, sich um die Angelegenheit zu kümmern. Zwei Stunden später rief er zurück. Das Schaf war letzte Woche schon mal in Deutschland… nur war es nicht bei uns gelandet, sondern bei einem Journalisten in Bielefeld. Der hatte es aber nicht so mit Schafen und sich strikt geweigert, den Betonbrocken anzunehmen. Nun stand es wieder in Alkmaar. Nächste Woche sollte es dann aber wirklich an uns geliefert werden. Die Woche verging; kein Schaf kam an. Erneuter Telefonanruf in den Niederlanden. Unser Schaf war schon fast am Ziel gewesen, der Fahrer hatte jedoch unsere Straße nicht gefunden (Es war noch die Vor-Navi-Zeit).

Per Telefon gaben wir der Spedition eine ausführliche Wegbeschreibung und damit, meinte die junge Dame am anderen Ende der Leitung, würde der Fahrer uns sicherlich finden. Übermorgen ginge das Schaf wieder auf die Reise.

Zwei Tage später warteten wir voller Spannung auf die Ankunft unseres zwar leblosen aber ungemein schmucken neuen Haustiers, das unserem Garten die persönliche Note geben sollte. Tatsächlich kam es nun pünktlich und unversehrt an. Der Fahrer scherzte noch ein wenig über den ungewöhnlichen Viehtransport, lud das Schaf ab, stellte es in unsere Carportzufahrt und fuhr in Richtung Heimat davon.

Wir freuten uns, dass das Betonschaf nach seinen Irrwegen durch Deutschland nun endlich in seiner neuen Heimat angekommen war und tauften es spontan „Odysseus".

Mutterkorn

Wir wohnten in Münster in der Nähe des Dort-mund-Ems-Kanals, den man rasch auf einem Fußweg durch ein kleines Waldstück erreichen konnte. Eine ideale Strecke für die täglichen Spaziergänge mit unserem Hund. Fand auch meine Mutter, als sie uns mitsamt ihrem Hund besuchte und machte von dieser Möglichkeit ausgiebig Gebrauch. Jeden Tag ging sie schon am späten Vormittag mit ihrem „Mano", einem sehr schönen, aber auch sehr unerzogenen Cocker-spaniel spazieren. „Mano" nutzte häufig die Gelegen-heit, ein ordentliches Bad im Kanal zu nehmen, um dann leicht nach Brackwasser stinkend mit seinem Frauchen wieder nach Hause zu kommen und uns mit seinem besonderen Duft zu betören. Unser Hund, „Tobby", fand das auch nicht so toll und ging seinem Konkurrenten demonstrativ aus dem Weg, indem er sich ins Wohnzimmer zurückzog. Die beiden mochten sich sowieso nicht und deswegen waren gemeinsame Spaziergänge kaum möglich.

Meine Mutter verabschiedete sich mal wieder und machte sich mit „Mano" auf den Weg zum Kanal, wäh-rend ich mit „Tobby" auf eine andere Route auswich. Als ich nach einer guten Stunde nach Hause kam, war meine Mutter noch unterwegs, obwohl wir uns eigent-lich zum gemeinsamen Mittagessen verabredet hat-ten. 11/2 Stunden und meine Mutter war immer noch nicht zurück! Allmählich machten meine Frau und ich uns Sorgen. War sie vielleicht gestürzt oder hatte sie neugierig einen anderen Weg ausprobieren wollen und den Rückweg nicht gefunden?

Ich schwang mich aufs Fahrrad und machte mich auf zum Kanal. Da das Wetter an diesem trüben No-vembertag recht kühl und regnerisch war, waren dort kaum Spaziergänger unterwegs. Die wenigen die ich traf und fragte, ob sie eine Frau mit Cockerspaniel gesehen hätten, konnten mir leider keine positive

Antwort geben.Vielleicht war meine Mutter ja in der anderen Richtung am Kanal längs gegangen? Also umdrehen und dort nach ihr suchen. Mittlerweile war sie nun schon über zwei Stunden unterwegs.

Kurz vor der Schleuse Münster hatten einige Kanalschiffe am Ufer festgemacht und auf der anderen Kanalseite war die Wache der Wasserschutzpolizei. Vielleicht konnte ich dort etwas erfahren, obwohl mir bei dem Gedanken nicht gerade gut zu Mute war. Denn wenn die Polizei etwas über den Verbleib meiner Mutter wusste, war es bestimmt nichts Gutes. Bevor ich dort nachfragen wollte, entschloss ich mich, sie erst einmal bei den Kanalschiffen zu suchen.

Zunächst wenig erfolgreich, denn die meisten Schiffe waren verlassen, weil die Besatzungen wohl das lange Wochenende dazu genutzt hatten, nach Hause zu fahren. Ich wollte schon aufgeben und zur Polizeistation radeln, als ich auf einem der Schiffe Licht hinter einem der Fenster sah. Ich klopfte dort an und sofort hörte ich ein mir sehr bekanntes Bellen. Das musste „Mano" sein! An Bord des Schiffes ging eine Tür auf und tatsächlich erschien ein mir sehr bekannter Hund an Deck, der sich auch mal wieder intensiv mit Eau de Canal parfümiert hatte. Schwanzwedelnd und freudig begrüßte er mich und verschwand wieder unter Deck. Ich überlegte noch, ob ich wohl einfach an Bord gehen könnte und ihm folgen sollte, als eine recht füllige Frau an Deck erschien.

Ich erklärte ihr, dass ich meine Mutter suchen würde, die nun schon seit einiger Zeit überfällig sei.

„ Och, wenn du das Frauchen von „Mano" meinst, die Inge, die ist bei mir an Bord."

„Ja, genau die Suche ich. Ist ihr irgendetwas passiert?"

„Nö, mach dir man keine Sorgen und komm man eben an Bord."

In der Wohnküche des Schiffes saß meine Mutter in der Sitzecke, grinste mich fröhlich an und fragte: „Was willst du denn hier?"

„Ich suche dich! Wir vermissen dich seit über zwei Stunden!"

„Och, bin ich schon so lange weg?"

Ohne schlechtes Gewissen erklärte sie mir, wie sie die Bekanntschaft der Schiffersfrau gemacht hatte. „Mano" war in der Nähe des Schiffes mal wieder zu einem ausgiebigen Bad in den Kanal gesprungen und schaffte es dann nicht mehr, am Uferrand hoch zu klettern. In der Sorge, dass ihr geliebter „Mano" ertrinken könnte hatte meine Mutter die Frau von dem Kanalschiff, die gerade vom Einkaufen nach Hause kam, um Hilfe gebeten. Gemeinsam hatten sie „Mano" aus dem Wasser gezogen und sich noch ein bisschen unterhalten. Dabei erzählte meine Mutter, dass sie, insbesondere bei diesem Wetter nach dem Hundespaziergang sich immer einen kleinen Korn, den sogenannten 12-Uhr-Korn, gönnen würde. Die Schiffersfrau fand das eine ganz tolle Idee und lud meine Mutter spontan ein, an Bord zu kommen. Auf einem Schiff aus Ostfriesland sei selbstverständlich auch immer eine Flasche Korn an Bord und meine Mutter müsse dann nicht bis zum nach Hause kommen warten zumal es dann auch zu spät für den 12-Uhr-Korn sei. Meine Mutter hatte die Einladung gerne angenommen und bei einem flotten Klönschnack blieb es nicht nur bei einem 12-Uhr-Korn.

Dezent machte ich meine Mutter auf die Zeit aufmerksam und wies daraufhin, dass meine Frau zu Hause mit fester Nahrung auf uns wartete. Fröhlich verabschiedete sie sich von der freundlichen Skipperin des Kanalschiffs und bedauerte es außerordenlich, dass diese am nächsten Morgen schon sehr früh ablegen und weiterfahren würde.

Straßenblockade

Nach der Wiedervereinigung Deutschlands wurde in den Bootszeitschriften schon bald ausführlich über die vielen interessanten Gewässer in den neuen Bundesländern berichtet. Wir lasen diese Berichte und insbesondere die Mecklenburgische Seenplatte schien uns eine Reise wert zu sein. Schon im Winter begann die Törnplanung, denn auch wenn wir unseren kompletten Urlaubsanspruch dafür nutzen wollten, war die Zeit für eine Reise von unserem Liegeplatz im niederländischen Friesland bis dort hin und zurück ein sehr anspruchsvolles und zeitlich kaum zu bewältigendes Vorhaben. Schon bald stellte sich heraus, dass es sinnvoll wäre, unsere „Josephine" vor Beginn des eigentlichen Törns an die Ems zu verlegen und dann von dort aus zu starten. Die Idee war gut, hatte jedoch einen kleinen Haken; die Bordfrau war bis zum Urlaubsbeginn geschäftlich unabkömmlich. Wer sollte mir dann helfen und vor allem die Pantry übernehmen? Unsere Tochter meinte, das sei ja wohl kein Problem. Erstens könne sie kochen und als helfende Hand an Bord hatte sie ebenfalls einige Erfahrung. Allerdings könne sie nur unter einer Bedingung diesen Verlegungstörn begleiten. Ihr derzeitiger Freund, Sebastian, müsse unbedingt mitfahren. Auch gut, obwohl der junge Mann noch nie an Bord eines Schiffes gewesen war.

An einem langen Wochenende brachte uns die Bordfrau an Bord, gab uns nicht nur gute Ratschläge, sondern auch die notwendigen Lebensmittel mit Der junge Mann erhielt eine erste Einweisung und war recht wissbegierig. Schon beim Ablegen und bei der Ausfahrt aus unserem sehr engen Heimathafen zeigte er gute Matrosenqualitäten.

Da wir an den Hebebrücken und ersten Schleusen, die wir passieren mussten, Glück hatten und nicht warten müssten, legte der Skipper als Tagesziel Groningen fest. Das war aber wohl sehr optimistisch, denn es wurde schon allmählich dunkel. Die Ufer des Prinses **Margriet** Kanaal (PMK) bzw. des sich anschließenden van Starkenborgh Kanals waren zwar noch zu erkennen und da der Schleusenwärter in der letzten hell erleuchteten Schleuse, durch die wir heute mussten, uns eine gute Fahrt wünschte, kamen wir gar nicht auf die Idee, dass es vielleicht sehr schwierig oder sogar verboten sein könnte, bei Nacht auf diesen Kanälen zu fahren. Als wir aus der Schleuse herausfuhren war es mittlerweile stockduster. Der Matrosenlehrling wurde mit einer Taschenlampe an die Bugspitze geschickt und der Skipper hielt sich nah am Steuerbordufer. Das Backbordufer war in der Finsternis nicht mehr sichtbar. So tuckerten wir vorsichtig und hochkonzentriert in die Nacht hinein. Nach ca. drei Kilometern tauchte vor uns aus der Dunkelheit eine Brücke auf. Auf einer großen Tafel am Ufer war erläutert wie diese Brücke zu bedienen sei. Man sollte einen Knopf, der an einem Pfahl vor der Brücke angebracht war, drücken und warten bis sich die Brücke hob und ein grünes Licht die Durchfahrt freigab. Sebastian drückte den Knopf und während wir darauf warteten, dass sich die Brücke hob, warf ich einen Blick in die Karte. Trotz der spärlichen Beleuchtung konnte ich schnell feststellen, dass es auf ‚unserem' Kanal gar keine Hebebrücke dieser Art gab! Wir hatten in der Dunkelheit den Starkenborgh-Kanal verlassen und waren in das Hoendiep eingebogen. Meinen Aufschrei: „Wir sind falsch!", verstand Sebastian als Aufforderung den Bedienungsknopf der Brücke erneut zu drücken. Dadurch beendete die Elektronik alle Aktivitäten und die Brücke blieb in halb geöffneten Zustand stehen. Unpassierbar für Land- und Wasserfahrzeuge. Nach dieser Straßenblockade gab es nur eins; Volle Kraft rückwärts und bloß weg hier.

Antwerpener Nummerken

Unsere erste Fahrt durch belgische Binnengewässer führte uns von den Niederlanden über Antwerpen nach Nieuwpoort an der Nordseeküste. Bei
der Vorbereitung dieses Törns fand der Skipper in der
einschlägigen Literatur den Hinweis, dass für das
Befahren des Hafens und das Passieren der
Roijerschleuse in Antwerpen eine besondere Genehm-
migung erforderlich sei. Um diese zu erhalten, müsse
man sich im Hafenkantor zur Registrierung seines
Schiffes melden und würde dann eine sogenannteFD-
Nummer erhalten.

Also fuhren wir bei unserer Ankunft in Antwerpen
als erstes zu besagtem Hafenkantor. Bewaffnet mit
allen möglichen Dokumenten suchte ich das Hafenbü-
ro auf und wurde dort von zwei freundlichen belgi-
schen Beamten begrüßt, die auch sofort den Kampf
mit der Bürokratie und ihrem Computer aufnahmen.
Während der eine Beamte mir die Fragen eines nicht
endenwollenden Formulars vorlas und netterweise
übersetzte, bearbeitete sein Kollege heftig die Tasta-
tur seines leise vor sich hin brummenden PC und gab
die Antworten ein. Hin und wieder fluchte er vor sich
hin, weil diese Arbeit offensichtlich nicht so sehr sein
Ding war. Er war jedoch erfolgreich und meine Bedenken, ob der schon etwas ältere Computer bis zum
Ende des Verwaltungsaktes durchhalten würde, waren unbegründet. Schließlich spuckte der Drucker ein
Dokument aus, das unsere FD-Nummer enthielt und
ich wurde noch darüber belehrt, dass diese Nummer
nun auf ewige Zeiten für unsere „*Josephine*" gelten
würde. Also gut verwahren!

Beglückt verließ ich das Büro und wir machten
uns zur Roijerschleuse auf, durch die hindurch wir auf
die Schelde und weiter in Richtung Gent wollten.

Vor der Schleuse lagen schon etliche Berufsschiffe und auch einige Motoryachten, die auf die Schleusung warteten. Wir meldeten uns per Funk beim Schleusenmeister an, wurden nach der FD-Nummer gefragt und erhielten die Auskunft, dass wir bei der nächsten Schleusung in ca. einer halben Stunde mitgenommen würden.

Und dann erlebten wir, wie wichtig die FD-Nummer war, denn wir konnten folgenden Dialog per Funk mit anhören:

„Roijerschleuse für Motoryacht Ilse."

„Roijerschleuse hört."

„Wir wollen durch die Roijerschleuse raus auf die Schelde."

„Ja, schön. Wie ist eure FD-Nummer."

„Wie FD-Nummer?"

„Ja, eure FD-Nummer."

„Weiß ich nicht. Ich habe keine Nummer. Ich heiße Ilse."

„Ilse, ohne Nümmerken läuft hier gar nichts!"

Auf allen vor der Schleuse wartenden Booten, die diesen Dialog mitgehört hatten, waren schmunzelnde Gesichter zu sehen. Na ja, das Rotlichtviertel war ja auch gleich um die Ecke.

Bootsfahrerjahr

So, wie das Jahr des Landwirts durch das Wetter und die Jahreszeiten geprägt ist, so hat auch der Bootsbesitzer oder Bootsfreak seinen besonderen Jahresablauf.

Januar - Messemonat	Weihnachten ist vorbei und manch maritimer Schnick-Schnack und auch Nützliches hat das Herz des Bootsbesitzers erfreut. Und nun steht schon der erste Höhepunkt des Jahres bevor; die Messe „BOOT" in Düsseldorf. Mit großen Augen pilgern die Bootsfreaks durch Hallen, bewundern tolle neue Schiffe und löchern die Repräsentanten der Werften mit ihren Fragen. Viele Anregungen werden mit nach Hause genommen, denn auf dem eigenen Schiff gibt es immer etwas zu verbessern. Nicht zu vergessen die vielen Kataloge, die keinen Wunsch offen lassen.
Februar - Traummonat	Zuhause werden nun die Prospekte studiert und vor dem kuscheligen Kamin von neuen, aber leider nicht finanzierbaren, Yachten geträumt. Realisierbar ist aber vielleicht die eine oder andere moderne Ausrüstung, die schon immer an Bord installiert werden sollte. Preise werden verglichen und Aus-

	/Umbaupläne geschmiedet.
März - Leitermonat	Im Märzen der Bauer.... und auch den Skipper hält nun nichts mehr. An den Schiffen, die alle noch aufgebockt an Land stehen, lehnen Leitern über die die Besitzer ihre Schätzchen geentert haben. Unter Deck wird gemessen und überlegt, welche Arbeiten nun wie und wann durchgeführt werden können. Von manchen Schiffen sind sogar schon die ersten Elektrowerkzeuge der ganz Ungeduldigen zu hören.
April - Putz- und Arbeitsmonat	Nun geht es richtig los. Kaum, dass die Sonne ihre ersten wärmenden Strahlen über Bootsszene schickt, werden Putzmittel und die neu erworbenen Teile an Bord geschleppt. Überall sind schon erste fleißige „Boatpeople" zu beobachten, die voller Vorfreude auf die neue Saison vor sich hin werkeln und ihre Boote auf Hochglanz bringen.
Mai - Wonne-? Nein, Wasse-	An den vielen langen Wochenenden, die dieser Monat zu bieten hat, bricht nun die Renovierungswut

rungs-monat	richtig los. Es wird geschliffen, gespachtelt, grundiert und lackiert was das Zeug hält. Dann geht es endlich wieder ins Wasser. Das Schiff hängt im Kran , ein letzter prüfender Blick auf das Unterwasserschiff und dann wird es endlich wieder seinem Element übergeben. Vorbei die schreckliche Zeit auf dem Trockenen.
Juni - Frühsaison- monat	Die Saison beginnt. Bei Probefahrten in heimischen Gewässern wird alles gecheckt; funktionieren alle Instrumente, läuft der Motor rund, ist die Technik unter Deck o.k., klappt es mit der Seemannschaft schon wieder??? Wer im Winter noch keine Pläne für den Sommertörn gemacht hat, ist spätestens jetzt dabei Gewässerkarten zu studieren. Viele Reviere locken mit attraktiven Zielen. Die Skipper und ihre Mannschaften haben die Qual der Wahl. Und vor allem eine Frage, wie wird das Wetter?
Juli - Törnmonat	Jetzt kann es losgehen! Alles Notendige oder auch nicht so Not-

	wendige, was man für einen gelungenen Törn so braucht wird an Bord geschleppt und unter Deck verstaut. Notrationen, ebenso wie Bekleidung und natürlich Sonnenschutzcremes mit unterschiedlichen Sonnenschutzfaktoren; schließlich rechnen alle fest mit einem Supersommer. Der Hund zieht mitsamt Körbchen und seinem Spielzeug ein und für Besucher wird die Vorderkajüte von Werkzeug und Renovierungsmaterial entrümpelt.
August - Törnmonat	Egal wie das Wetter auch ist, man fährt wieder und lässt sich schnell von der Langsamkeit entschleunigen. 10 Km/h sind auf dem Wasser das Maß aller Dinge. Die Landschaft gleitet langsam vorbei und die Crew kann in aller Ruhe den Anblick der schönen Fluss- und Kanallandschaft oder auch die Weite der See genießen.
	Viel zu schnell heißt es jedoch irgendwann: „Wir müssen zurück." Im Logbuch sind die Etmale beschrieben und manch schönes Erlebnis zu Wasser oder zu Land festgehalten. Da kann man im Winter den ganzen Törn noch einmal Revue passieren lassen.

September - Nachsaison- monat	Die Sonne wärmt zwar noch, aber die Tage werden deutlich kürzer. Erste morgendliche Nebelbänke lassen ein Auslaufen erst gegen Mittag zu und so bleibt wenig Zeit für ausgedehntere Wochenendtörns. Schöne Herbstabende werden noch einmal für ein gaumenverwöhnendes Menu auf dem Achterdeck und ein gutes Glas Rotwein zum Sonnenuntergang genutzt. Die Gedanken kreisen um die fast gelaufene Saison. Was hat der Crew besonders gut gefallen? Welche neuen Erfahrungen hat man gemacht? Was kann im nächsten Jahr verbessert werden?
Oktober - Tränen- monat	Das Wetter bietet zwar noch manch schönen Tag, doch die Saison geht nun für dieses Jahr unwiderruflich zu Ende. Das Schiff wird wieder an Land geholt und die Skipper nehmen „tränenreich" Abschied von ihrem Element. Die Boote und Motoren werden winterfest gemacht und unter Planen vor den Unbilden des Wetters geschützt. Ein letzter wehmütiger Blick und das war es dann mit dieser Saison.

November -Unboot- mäßiger Monat	Das Schiff liegt nun an Land und die Skipper können sich mal wieder ausgiebig der Familie widmen. Die Bord- und Ehefrau, die die Mannschaft in der Saison mit vielen guten Menus an Bord versorgt hat, kann nun mal so richtig verwöhnt werden. Mancher Skipper, sonst mehr dem realen Leben zugetan, entdeckt, dass auch Museumsbesuche eine Bereicherung sein können (auch wenn es dort nicht unbedingt Schiffsbilder zu bestaunen gibt).
Dezember -Wunschmonat	Wunschzettel werden geschrieben. Der Wunsch nach einem neuen komfortableren Schiff lässt sich zwar kaum realisieren, aber man würde sich auch über kleine Dinge freuen. Neue Gardinen für den Deckssalon, ein neues Funkgerät (weil das alte nicht mehr den neuesten Stand der Technik hat) oder ein schönes Buch mit Reiseberichten anderer Skipper. Erste Überlegungen für den Sommertörn im nächsten Jahr werden angestellt und da könnte der Skipper auch gut ein paar neue Karten gebrauchen. Voller Optimismus und Hoffnung auf ein schönes Jahr an Bord geht das Jahr zu Ende.

eclusa a la portuuês - Portugiesisches Schleusen

Wir lagen an der Anlegestelle vor der malerischen Kulisse von Richardmenil in den Vogesen. Ich machte mit unserem Bordhund, Pablo, noch einen kleinen Spaziergang und schaute mir die Boote an, die dort mit uns gemeinsam lagen. Alles ähnliche Schiffe wie unsere Josephine; mit einer Ausnahme. Zwischen den dickbäuchigen Stahlverdrängern hatte ein kleines offenes Sportboot mit einer winzigen Schlupfkabine im Vorderschiff festgemacht. Kategorie motorisierter Yoghurtbecher. Am Heck wehte eine überdimensionale portugiesische Flagge, aber als Heimathafen war am Heckspiegel Metz, Frankreich, angegeben. Zu diesem Bötchen gehörten zwei weder sehr kleine noch besonders schmal gebaute Erwachsene mittleren Alters, die einen Campingtisch und zwei Stühle auf dem Uferweg aufgestellt hatten. Dort brutzelten sie nun auf einem einflammigen Gaskocher ihr Abendessen. Während ‚er' kräftig im Kochtopf rührte, war ‚sie' in eine Zeitschrift vertieft. Als wir an dem Pärchen vorbeigingen, freute sich Pablo mächtig ob der guten Gerüche und hegte wohl die Hoffnung, einen Leckerbissen abstauben zu können. Da das ‚Menü' der Portugiesen nicht sehr üppig war, erhielt er jedoch nur ein paar Streicheleinheiten. Dadurch kam ich mit dem stolzen Kapitän des Sportbootes ins Gespräch und erfuhr, dass er und seine Frau tatsächlich Portugiesen waren, die in Metz lebten.

Am nächsten Morgen legte der Portugiese unmittelbar hinter uns ab. Da er gerne mit uns zusammen die Schleusen passieren wollte, fuhr er mit nur wenig Abstand hinter uns her. Mit ihrer Heckwelle brachte *Josephine* das kleine Bötchen gut zum tanzen, kein melancholischer Fado, eher ein flotter Cha-Cha-Cha! Das brachte die Ehefrau des Nachfahren von Heinrich dem Seefahrer keineswegs aus der Ruhe. Sie saß im Heck und blätterte genussvoll eine Zeitschrift mit vielen bunten Bildchen durch, während ihr Mann intensiv damit beschäftigt war, sein Boot halbwegs auf Kurs zu halten. Schon nach der ersten Schleuse bat er uns überholen zu dürfen, weil er gerne aus unserem Kielwasser heraus wollte. Da die folgenden Schleusen für beide Boote groß genug waren, ließ ich ihn vorbei.

Die weitere Fahrt mit dem Pärchen an Bord dieses kleinen Sportbootes war ein besonderes Erlebnis, denn in jeder Schleuse gab es ein neues Highlight. Unser portugiesischer Weggenosse konnte sein Bötchen nicht richtig fest machen, weil er jedes Mal die Leine so ungünstig an seinem Boot befestigte, dass es immer wieder von der Schleusenwand wegtrieb. Querliegend versuchte er dann, mit einem Paddel irgendwie wieder an die Schleusenmauer heran zu kommen. Oder aber er drückte sein Bötchen mit dem Heck von der Wand weg, wenn es da anbumste. In jeder Schleuse meckerte er deswegen ohne Unterlass, - mal mit dem Schleusenpersonal, mal mit seiner Frau, die dickdräbsch dasaß und keinen Finger rührte. In der letzten Schleuse vor Charmes folgte dann der Höhepunkt. Schwungvoll warf er die Leine zum Schleusenwärter, hatte aber leider vergessen diese vorher am Boot festzumachen. Großes Theater! Aber statt sich mit Hilfe seines Außenborders an die Schleusenwand zu drücken, lamentierte er nur lautstark herum und klemmte schließlich quer in der Schleuse. Der Schleusenwärter zog leicht beleidigt von dannen und überließ den Chaoten seinem Schicksal. Da das Bötchen des großen Seefahrers nun unmittelbar vor unserem Bug quer in der Schleuse lag, konnten auch wir nicht auslaufen, aber schließlich bekam der Superskipper sein Boot doch wieder frei und machte an der Backbordseite fest. Bei der Ausfahrt forderte er uns auf nun ihn wieder zu überholen, weil er noch damit beschäftigt war, seine Leinen zu sortieren. Wir hatten zwar Mühe, an ihm vorbeizukommen, aber mit unserer Schleusenroutine ging es ohne Schäden ab und wir konnten weiterfahren. Schließlich gelang es auch demPortugiesen irgendwie aus der Schleuse heraus zu kommen und er fuhr nun mit großem Abstand hinter uns her. Nach dem Anlegen in Charmes kam er abends zu uns, um sich für unsere Geduld zu bedanken und schenkte uns eine kleine Taschenlampe; ein Werbegeschenk seiner Firma, einem Autohandel. Na, hoffentlich konnte er besser Auto- als Boot fahren!

Bella Italia - Die Liebesgondel

Ziel Venedig! Das war die Parole, die der Eigner des stolzen Seglers für seine Crew, die aus Ehefrau und zwei fast erwachsenen Kindern bestand, eines Abends ausgab. Schon am nächsten Morgen sollte es von der kroatischen Küste quer über die Adria dorthin gehen.

Doch der Skipper hatte eine noch bessere Idee. Wenn man so ablegen würde, dass man bei Sonnenaufgang die italienische Küste erreichen würde, wäre dies bestimmt ein ganz besonderes Erlebnis. Seine Crew war nicht ganz so begeistert, eine Nachtfahrt vor sich zu haben, aber der Skipper meinte, dass man ja Wachen einteilen könne und dann kämen alle wenigstens zu einer Mütze Schlaf.

Nach einer lauen Sommernacht näherte sich das Segelboot der Lagune von Venedig. Der Skipper weckte seine Familie und wollte sie mit seinem Reiseführer auf die weltberühmte Stadt einstimmen. Die Sonne war gerade über dem Horizont hinter ihnen aufgegangen und beleuchtete nun den Lido de Venezia und die Stadtsilhouette. Die weiße Mütze der Kirche San Giorgio Maggiore strahlte weithin sichtbar in der Morgensonne und wies der Crew den Weg zur Stadt.

Bei einem ersten Kaffee erzählte er von Dogen, Palästen und der Großmacht Venedig, die einst im Mittelmeer eine beherrschende Stellung einnahm. Er schilderte voller Begeisterung die seemännischen Leistungen des Stadtstaates, als sein Sohn quer vorab ein kleines offenes Fischerboot entdeckte. Das Bötchen dümpelte in der morgendlichen Dünung leicht vor sich hin und der Fischer schien zu schlafen, denn von weitem war niemand zu sehen. Murrend änderte der Skipper seinen Kurs ein wenig, um eine Kollision zu vermeiden. Da er dem Fischer aber klar machen wollte, dass er dem vorfahrtberechtigten Segler hätte ausweichen müssen, segelte er nahe an das kleine Boot heran. Der Sohn stand an der Reling und rief seinem Vater plötzlich erstaunt und lachend zu: „Hey Papa, komm mal! Da sind welche an Bord… und die schlafen nicht!" Der Skipper übergab das Ruder seiner Frau und ging auch an die Reling. Die halbwüchsige Tochter folgte ihm neugierig. Grinsend empfing sie der Junior und zeigte zu dem Fischerboot hinüber. Dort schimmerte ein leicht rosa Allerwertester im Licht der aufgehenden Sonne und bewegte sich in gleichmäßigen Bewegungen auf und ab. Der Fischer war aber keineswegs dabei, ein paar morgendliche Liegestütze zu machen, um seine Fitness zu erhalten. Die Tochter erfasste die Situation schnell und rief der Mutter am Ruder zu: „Mami willst Du mal einen feurigen Italiener beim Sex sehen?" Der Fischer war nämlich nicht allein an Bord, sondern hatte seine Freundin mitgenommen und da das Warten auf einen guten Fang wohl zu langweilig geworden war, vertrieben sie sich die Zeit mit einer reizvolleren Beschäftigung. Erst als der Skipper mit einem sehr lauten Hallo auf sich aufmerksam machte, schaute der Italiener hoch. Mit Blick auf die deutsche Flagge im Heck des Seglers meinte er in gutem Deutsch:

" Buon Giorno und Willkommen in Bella Italia!"

Der Fischquäler

Wenn man mit seinem Boot in den Niederlanden unterwegs ist, stellt man fest, dass anscheinend ein Viertel aller Niederländer ebenfalls die heimischen Gewässer bevölkert, während ein weiteres Viertel mit dem Wohnwagen auf deutschen Autobahnen unterwegs ist und das dritte Viertel mit dem Fahrrad auf dem Weg zu einem günstigen Einkauf strampelt. Das letzte Viertel sitzt derweil an irgendeinem Ufer der zahlreichen Flüsse, Kanäle und Seen und geht dem größten Hobby dieser Nation nach, dem Angeln!

Es war also nicht weiter verwunderlich, dass der Skipper einer niederländischen Motoryacht, unmittelbar nachdem er vor uns festgemacht hatte, seine Angelausrüstung heraus kramte und zwei Angeln einsetzte, um das abendliche Essen nicht nur mit frischem Fisch zu bereichern, sondern auch preisgünstig zu gestalten.

Da wir in den letzten Tagen immer wieder die Petrijünger bei der Ausübung ihres Sportes beobachtet hatten, hatte unser fünfjähriges Enkelkind, Marie, das mit an Bord war, die Frage gestellt, warum wir denn nicht auch angeln würden, schließlich würden wir doch sehr gerne Fisch essen. Die Omi hatte ihr daraufhin in einem pädagogisch wertvollem Vortrag die Begründung geliefert:

„Wir essen zwar sehr gerne Fisch, aber keinen, der mit einer Angel gefangen wurde, denn das ist Tierquälerei. Vorn an der Angel ist ein Haken mit einem Köder und wenn ein Fisch den schluckt, bleibt der in seinem Maul hängen und der Fisch erleidet heftige Qualen, wenn er dann aus dem Wasser gezogen wird. Bei uns kommt nur Fisch auf den Teller, der professionell mit Netzen gefangen wurde oder aus einer Aquakultur, wo Fische speziell für die Ernährung gezüchtet und schmerzfrei geschlachtet werden."

Mit diesem Wissen im Gedächtnis ging unser Enkelkind auf unser Vorschiff und rief voller Empörung zu dem Niederländer hinüber, dass er ein Fischquäler sei. Der verstand das natürlich nicht sofort und fragte freundlich zurück, was Marie denn damit meinen würde. Die gab sodann Omis Erklärung über das mörderische Angeln zum Besten und meinte zum Schluss noch einmal, das der Mann von dem Schiff vor uns ein Fischquäler sei. Der verstand nun diesen Vorwurf und holte mit Rücksicht auf die empörte Marie flugs seine Angeln ein. Dabei brummelte er, dass in dem trüben Kanalwasser sowieso kein genießbarer Fisch zu angeln sei.

Stolz kam Marie zu uns auf das Achterdeck und berichtete über ihre erfolgreiche Diskussion mit dem "Fischquäler". Vorsichtshalber ging ich mal auf unser Vorschiff, um mich bei dem Niederländer zu erkundigen, ob er die Bemerkungen unseres Enkelkinds nicht übel genommen habe. Aber der lachte nur und meinte, dass Marie ja nicht ganz unrecht habe und er würde, solange wir hinter ihm lagen, auf sein Angeln verzichten.

Brückenwärter

Wenn man in den Niederlanden mit dem Boot unterwegs ist, bleibt es nicht aus, dass man die Bekanntschaft zahlreicher Brückenwärter macht, die ihre Bauwerke für die Schiffe bedienen. Mit einem Holzschuh, der an einer Angel hängt und den durchfahrenden Booten entgegen gebaumelt wird, wird in vielen Fällen eine Mautgebühr kassiert und ein meist freundlicher Gruß ausgetauscht. So vielfältig wie die Brücken sind auch die Menschen die dort Dienst tun.

Der Freibeuter:

Eine der unterhaltsamsten Brückenshows wird einem in Woudsend, im niederländischen Friesland, geboten. Der kleine Ort liegt an der Kreuzung mehrerer Wasserwege und die Brücke ist ein Nadelöhr, durch das man hindurch muss, wenn man z.B. vom Princes-Magriet-Kanal zu den friesischen Seen fahren will. Insbesondere in der Hochsaison herrscht hier Hochbetrieb, und da die Brücke auch von Bussen des öffentlichen Personennahverkehrs genutzt wird, die Vorfahrt vor der Schifffahrt haben, gibt es dann häufig Stau auf dem Wasser.

Die Brücke wird beherrscht von einem Mann mittleren Alters, der mit einer ehrfurchtgebietenden Uniform bekleidet ist. Die Uniform wurde wohl mal angepasst, als er noch einen deutlich geringeren Körperumfang hatte. Nun bleibt die Jacke meistens offen und eine bequeme Hose aus Privatbeständen ergänzt das gute Stück,- auch wenn sie farblich nicht ganz passt. Eine Mütze muss natürlich auch sein. Die Krönung dieses Outfits ist ein riesiger Ohrring, der der ganzen Gestalt einen verwegenen Eindruck verschafft. Dieser Nachkomme freiheitsliebender Friesen lässt sich auch im dicksten Verkehr nicht aus der Ruhe bringen und mit majestätischer Gelassenheit öffnet und schließt er seine Brücke. Allerdings lässt er ganz ungeduldige Bootsfahrer bisweilen schon mal seine Macht spüren, wenn sie voller Ungeduld ihr Schiffshorn ertönen lassen, um den Brückenwärter ein wenig anzutreiben. Dann bleibt die Brücke halt etwas länger geschlossen, auch wenn der Bus sie schon längst passiert hat.

Der Hochzeiter:

Brückenunterseiten werden bisweilen mit Reklame „geschmückt", um dem unkundigen Bootsfahrer heiße Tipps zu geben, wo er denn gut essen oder sich die Haare schneiden lassen kann. Das hatte einen der friesischen Brückenwärter wohl inspiriert, auch mal für sich und seine Frau ein bisschen zu werben. Als sich die Brücke vor uns hob und wir uns langsam näherten, konnten wir auf der Brückenunterseite ein farbenfrohes Gemälde erkennen, auf dem der Brückenwärter seiner Kundschaft fröhlich mitteilte, dass er glücklich liiert sei, zwei Kinder hatte und die Brücke am kommenden Sonntag geschlossen sei, weil er die Mutter seiner Kinder nun endlich heiraten würde.

Der Preuße:

Wir kamen uns vor wie einst John Maynard in dem Gedicht von Theodor Fontane. Noch zehn Minuten nicht bis zum rettenden Ufer sondern bis zur nächsten Brücke, die wir unbedingt noch erreichen wollten, bevor die Dienstzeit des Brückenwärters für heute endete. Mit ein bisschen höherer Geschwindigkeit als eigentlich auf diesem Kanal erlaubt war näherten wir uns dem Bauwerk. Ein grünes Licht signalisierte uns die Betriebsbereitschaft. Noch fünf Minuten, die Brücke kam näher. Da nun links und rechts am Ufer Schiffe lagen, nahm Ich das Gas zurück, um diese nicht zu sehr durch zu schauckeln, aber wir würden es bestimmt noch schaffen.

Noch zwei Minuten, wir konnten den Brückenwärter in seinem Glaskasten sitzen sehen. Er schaute in unsere Richtung, erhob sich langsam und … setzte zweimal rot. Für heute war Schluss. Alles Winken und Rufen, uns doch noch passieren zu lassen, war umsonst. Achselzuckend drehte er sich um, schwang sich auf sein Fahrrad und verschwand in seinem Dorf. 18:00 Uhr ist 18:00 Uhr und da ist Dienstschluß!

„Mach Du erst mal den Führerschein!"

Während der Zeit, in der wir in Ostfriesland wohnten, hatte ich mich schon mit dem Bootsbazillus infiziert. Es war daher nicht weiter verwunderlich, dass uns unsere Ausflüge an den Wochenenden immer wieder an die Küste führten und ich mit sehnsüchtigen Blicken die vielen schmucken Schiffe, die in den kleinen Sielhäfen, aber ganz besonders im Yachthafen von Norddeich lagen, bewunderte. Auch meine bessere Hälfte ließ sich anstecken und gemeinsam träumten wir von Bootstouren durch das Wattenmeer oder auf den Flüssen und Kanälen unseres Nachbarlandes. Mensch, musste das schön sein.

Wir saßen bei herrlichem Herbstwetter auf dem Deich, hatten einen wunderbaren Blick bis hinüber nach Norderney und ich schwärmte mal wieder von der christlichen Seefahrt und was man da alles Tolles erleben könnte. Die Weite der Meere, das Abenteuer der Seefahrt, die Freiheit auf dem Wasser..... Meine Frau hörte sich das alles geduldig an und meinte dann:

„ Ist ja alles schön und gut, aber soweit ich weiß, muss man dafür einen Bootsführerschein besitzen. Also hör auf zu träumen. Mach Du erst mal Deinen Führerschein!"

Wie so häufig hatte sie Recht.

Es war schon ein Wink des Schicksals, dass mir zuhause eine Werbezeitung in die Hände fiel, in der ich beim durchblättern auf eine Anzeige stieß, mit der eine Bootsschule für ihre Führerscheinkurse warb. Bei der Anmeldung erfuhr ich, dass der Ausbilder ein aktiver Marinesoldat war, der über reichlich Erfahrung in der Seefahrt verfügte. Na, das waren doch optimale Voraussetzungen. Regelmäßig besuchte ich in den Wintermonaten seinen Kurs und lernte Navigation, gesetzliche Bestimmungen, Knoten, die Bedeutung

der Seezeichen, Seekarten lesen, Signale und Licht-
zeichen und was sonst noch alles dazu gehörte, um
die Prüfung vor der gestrengen Kommission des
Deutschen Motoryachtverbandes zu bestehen.

Der Prüfungstermin rückte näher, aber ohne
Rücksicht auf diesen lebenswichtigen Termin schickte
mich mein Dienstherr vorher noch auf eine Dienstrei-
se in die USA; nach Texas! Nicht gerade ein Eldora-
do für Wassersportler. Drei Wochen nach meiner
Rückkehr war der Prüfungstermin angesetzt, also
zuhause noch genügend Zeit zum lernen. Vorsichtshalber nahm ich aber doch meine Unterlagen mit den
Prüfungsfragen mit auf die Reise. Während des end-
losen Fluges, mit Blick auf den Atlantik von oben,
konnte ich die Zeit vielleicht für die Vorbereitung auf
die Prüfung nutzen.

Gute Idee! Kurz vor meinem Rückflug erhielt ich
einen Anruf meiner Frau, die mir mitteilte, dass der
Prüfungstermin verschoben sei und die Prüfung nun
schon drei Tage nach meiner Rückkehr stattfinden
würde. Oh, shit! Nun kam Stress auf, denn sicher war
ich bei der Beantwortung der Testfragen bei Weitem
noch nicht. Während des gesamten Rückfluges wurde
gebüffelt, was das Zeug hielt. Das Kurzzeitgedächtnis
wurde auf das Äußerste strapaziert.

Prüfungstag. Mit leichter Nervosität ging es nach
Emden in die Seefahrerschule, wo die Prüfung statt-
fand. Noch ein letzter Blick auf den vorsorglich ange-
legten Spickzettel und dann ran an die Fragebögen.
Fertig. Abgeben und Warten. Dann die Erlösung:
Bestanden!

Petit Rhône

Während unseres großen Frankreichtörns führte ein Etmal auf der Petit Rhône von Saintes Maries de la Mer nach St. Gilles. Die Mündung des Flusses hatten wir uns bei einem Hundespaziergang schon angesehen und dort u.a. ein Ausflugsschiff entdeckt, auf dem man auf diesen Nebenarm der Rhône eine „Kreuzfahrt" buchen konnte. Also ein Gewässer, das wohl auch für uns geeignet war, oder?

Laut Karte sollte es mitten in der Mündung eine Untiefe geben, doch als wir dort ankamen, meldete unser Echolot keine Gefahr und so fuhren wir frohen Mutes „bergauf" in Richtung St. Gilles. Die Strömung des Flusses war nicht so stark, wie wir zunächst befürchtet hatten. Dafür hielt der Fluss einige andere Aufreger für uns bereit. Als erstes kamen wir an eine Kabelfähre, deren Kabel in nur 3m Höhe über dem Fluss gespannt sein sollte. So stand es jedenfalls in unserer Karte. Also Persenning abbauen. Mit sorgenvollem Blick auf unsere Peilstange im Bug näherten wir uns dem - gegen die Sonne - kaum sichtbaren Kabel und, oh Wunder, es waren diesmal keine französischen 3m! Das Kabel befand sich ca. 4m über der Wasseroberfläche; was uns schon hätte zu denken geben sollen....

Die Flussfahrt war sehr schön und wir konnten weit in das flache Land der Camargue hineinschauen. An den Ufern tauchten hin und wieder kleine Gehöfte auf und von den Weideflächen bestaunten uns die schwarzen Stiere und die weißen Pferde der Camargue. Es kam hier wohl recht selten ein Schiff vorbei. Die letzten Boote von *Josephines* Größe hatten wir in der Nähe der Kabelfähre gesehen und seitdem lagen noch nicht einmal mehr Angelboote am Ufer. Mit 10 km/h ging es den Fluss hinauf und wir genossen die Beschaulichkeit und Ruhe um uns herum. Doch plötzlich war es mit der Ruhe vorbei! Unser Echolot meldete lauthals ALARM, ALARM, ALARM!!! Wassertiefe nur noch 50 cm unter dem Kiel! In unserer Karte war an dieser Stelle allerdings noch keine Untiefe vermerkt. Die flachen Stellen sollten erst später kommen. Da auch keine Tonnen die Fahrrinne markierten, mussten wir uns nun in Schleichfahrt unseren eigenen Weg suchen. Ohne aufzubrummen waren wir nach bangen, rund 10 Minuten, gefühlt eine Stunde, endlich über den „Berg". Die Petit Rhône bescherte uns dieses Erlebnis im Verlaufe des Tages noch ein paar Mal. Immer wieder ragten dicke Äste aus dem Wasser und signalisierten Flachstellen, auf denen sie hängen geblieben waren. Wenigstens eine kleine Navigationshilfe. Das Echolot ständig im Blick, steuerte ich in weiten Bögen um diese Flächen herum. Schließlich erreichten wir, ohne aufzubrummen, die Schleuse vor dem Canal du Rhône à Sète.

Meine Bordfrau Heide meldete uns über Funk beim Schleusenwärter an, der ziemlich überrascht zurückfragte, wo wir uns denn befänden. Heide zweifelte zunächst an ihren Sprachkünsten, erklärte dann dem guten Mann, dass wir die Petit Rhône, von der Mündung kommend, bergauf fuhren und gleich in den Schleusenvorhafen einbiegen würden. Er fragte noch einmal nach, ob wir wirklich vom Mittelmeer her kämen und war sehr erfreut, dass er uns in dem Augenblick entdeckte, als wir in Richtung Schleuse einbogen. Wir verstanden das zwar nicht ganz und machten in aller Ruhe in der Schleuse fest, die er sofort für uns geöffnet hatte. Der Schleusenwärter kam aus seinem Cockpit hoch über dem Schleusengelände zu uns herunter und fragte Heide noch einmal, ob wir wirklich von Saintes Maries de la Mer hierhergekommen waren und welchen Tiefgang wir hätten. Seine Neugier machte uns stutzig und während meine Bordfrau mit dem freundlichen Menschen, der sich

freute, dass wir hier wohlbehalten angekommen waren, noch ein wenig plauderte, blätterte ich in unserem
Gewässeratlas die letzte Seite zu diesem Fluss um
und entdeckte dort den Hinweis: „ Dieses Teilstück
der Kleinen Rhône ist nicht betonnt und muss deshalb
mit größter Vorsicht befahren werden....Sportboote
mit höchstens 1 m Tiefgang dürfen diesen Abschnitt
befuhren." Naja eigentlich hatten wir mal bei einem
‚Landaufenthalt' von *Josephine* einen Tiefgang von
1,15 m festgestellt. Der häufige Alarm unseres Echo-
lots war also sehr berechtigt gewesen. Im Nachhinein
wurden wir ein wenig blass und verstanden nun auch
den Schleusenwärter und seine Verwunderung.

Aus:" Mistral und blauer Pastis", erschienen im
Mohlandverlag, ISBN 978-3-86675-194-1

Die Nacht auf der Sandbank

Schon während der ersten Saison mit einem offenen Sportboot, war bei uns schon bald der Wunsch nach einem etwas größeren Boot aufgekommen. Da angeblich zum Winter hin die Preise für Gebrauchtboote sinken, wurden nun mal wieder die einschlägigen Fachzeitschriften und Magazine studiert. Aber dort fanden wir kein Angebot, das unseren Vorstellungen und unserem finanziellen Rahmen entsprach. Doch dann entdeckten wir in unserer Tageszeitung eine Kleinanzeige, mit der ein Boot angeboten wurde, das anscheinend genau das war, was wir suchten.

Die Besichtigung überzeugte uns und nachdem noch ein wenig um den Preis gefeilscht worden war, waren wir stolze Besitzer eines Bootes von 6,80m Länge, mit einer kleinen Kajüte und im Wesentlichen mit allem ausgestattet, was man auch für einen längeren Törn benötigen würde. Unser neues Boot war klein, aber für uns dennoch fein.

Obwohl es über die Bootsuche schon Ende September geworden war, wollten wir natürlich dennoch einen ersten kleinen Törn machen. Wenn das Wetter mitspielte, sollte es von Norddeich durch das Wattenmeer und über die Emsmündung hinüber nach Delfzijl in den Niederlanden gehen.

Gewissenhaft bereitete der Skipper die Fahrt mit der entsprechenden Seekarte und dem Tidenkalender vor. Schon am folgenden Wochenende waren die Gezeitenverhältnisse sehr günstig und auch der Wetterbericht ließ auf optimale Bedingungen hoffen. Für ein verlängertes Wochenende wurde noch ein Tag Urlaub genommen und so ging es am frühen Freitagnachmittag los.

Bei strahlendem Sonnenschein tuckerten wir aus dem Hafen und fanden ohne Probleme die Einfahrt in den Prickenweg durch das Watt südlich von Juist. Das war ja leichter, als der Skipper sich das gedacht hatte.

Mit Hochwasser passierten wir das Wattenhoch und freuten uns über den bis dahin gelungenen Törn. Nachdem der ‚Kapitän' anfangs ständig in der Karte die Position bestimmt hatte, war er nun schon sicherer geworden und konnte seinen Blick öfter über die Weiten des Wattenmeeres schweifen lassen. Weit hinten am Horizont entdeckte er dabei die ersten größeren Schiffe, die im Fahrwasser der Ems unterwegs waren. Voller Begeisterung zeigte er seiner Crew, Ehefrau und Tochter, die dicken Pötte in der Ferne und erklärte: „Genau da hinten müssen wir hin!". Der Skipper gab die vorsichtige langsame Schleichfahrt auf, gab ein bisschen mehr Gas und hielt auf die an der Kimm sichtbaren Seeschiffe zu. Das ging ja wunderbar!.... jedenfalls ungefähr eine halbe Seemeile lang. Dann plötzlich ein Knirschen und Rumpeln und das Boot stand. Nach kurzer Ratlosigkeit stellte die Crew fest, dass man wohl auf eine Sandbank aufgelaufen war. Um zur Ems zu kommen, hätte man weiter dem Prickenweg folgen müssen und nicht voller Übermut geradeaus quer durch das Wattenmeer fahren dürfen. Nun folgten Versuche, das Boot wieder flott zu bekommen, aber nichts rührte sich. Es steckte fest. Obwohl die Nordsee schon ziemlich kühl war, blieb dem Skipper nichts anderes übrig, als außenbords zu klettern und zu versuchen sein Boot von der Sandbank zu schieben und so wieder flott zu kriegen. Das wurde bei ablaufendem Wasser auch allmählich Zeit. Seine Frau sollte dies Manöver mit ein wenig Motorkraft unterstützen. Doch nichts rührte sich. Neptun hielt *Josephine* gefangen. Der Skipper, fast bis zum Hals im Wasser, wunderte sich warum von der Schraube des Antriebs im Wasser keinerlei Bewegung zu sehen war und fühlte unter Wasser, dass sich die Schraube ohne Widerstand drehen ließ. Da war wohl Irgendetwas kaputtgegangen.

Nun kamen die beim Bootsführerschein erworbenen Kenntnisse über Notfälle auf See zum Einsatz. Auf dem Fahrwasser durch das Watt waren zwei Segelboote zu sehen und da es auf dem kleinen Boot keine Funkanlage und auch keine Signalmittel gab, holte der Skipper seine knallrote Jogginganzughose hervor und fing damit an zu winken und laut zu brüllen. Ob die Segler dies für einen freundlichen Gruß hielten oder ihn gar nicht sahen? Sie reagierten nicht und fuhren weiter. Vom Festland kam ein Sportflugzeug angeflogen. Der Skipper versuchte die Aufmerksamkeit des Piloten wieder mit seiner roten Hose zu erregen, -ergebnislos. Mittlerweile war die Ebbe so weit fortgeschritten, dass *Josephine* trocken fiel und der Skipper trockenen Fußes den Antrieb näher untersuchen konnte. Die Ursache für die sich nicht mehr drehende Schraube war schnell gefunden. Der Scherstift hatte seine Funktion erfüllt. Er war bei der Grundberührung abgeschert. Ersatz war nicht an Bord und so war guter Rat teuer. Die einzige Möglichkeit den Antrieb wieder notdürftig zu reparieren bestand darin, einen Rest des Scherstiftes so weit durch die Aufnahme, in der er steckte, durchzudrücken, dass er die Schiffsschraube wenigstens auf einer Seite fixierte und wir dann ganz vorsichtig weiterfahren konnten. Nachdem das endlich gelungen war, hatten wir jedoch ein anderes Problem. Das Wasser war nun endgültig weg und es war schon dunkel geworden.

Was blieb uns anderes übrig, als auf der Sandbank zu übernachten. Es war uns zwar etwas mulmig zu Mute, ob das gut gehen würde, aber eine Alternative hatten wir nicht. Das Boot wurde mit dem Anker gesichert und bei Kerzenlicht tranken wir uns ein wenig Mut mit der Flasche Sekt an, die wir zur Bootstaufe von Freunden geschenkt bekommen hatten.

In der Nacht hob uns die Flut einmal hoch und die Ebbe ließ uns gegen Morgen wieder auf den Boden sinken. Als es hell wurde, entdeckten wir wenige Meter neben dem Boot einen kleinen Priel, der auch bei Ebbe Wasser führte. Den markierten wir mit unserem Bootshaken und den Notpaddeln und sobald wir genügend Wasser unter dem Kiel hatten, ging ich außenbords und schob *Josephine* in das rettende Nass.

Der Motor wurde gestartet und zu unserer großen Erleichterung hielt die Notreparatur. Ganz vorsichtig fuhren wir gen Delfzijl und widmeten der Navigation unsere ganze Aufmerksamkeit. Heil angekommen ging es dann Schnurstraks in ein chinesisches Restaurant, denn unsere Mägen knurrten nach dem unfreiwilligen Fastentag laut und vernehmlich.

Fährfahrt

Mit dem Boot auf Flüssen, Kanälen und den Küstengewässern unterwegs zu sein, hat schon einen besonderen Reiz. Das Problem dabei ist, dass man bei der Ausübung dieser Freizeitaktivität in unseren Gefilden sehr stark vom Wetter abhängig ist. In den grauseligen Wintermonaten kann man kaum jemanden überzeugen, mit auf einen noch so kleinen Törn zu kommen und so bleibt einem bloß, in Erinnerungen zu schwelgen und von der nächsten Saison zu träumen. Um die Erinnerung an die vielen Gewässer, die wir befahren haben, ein wenig besser wach zu halten, habe ich deswegen jeweils eine Flagge des Landes oder sogar der Provinz in der wir waren, sogenannte Gastlandflaggen, als Trophäe mit nach Haus genommen. Voraussetzung, dass die Flagge in meine Sammlung aufgenommen werden durfte, war, dass ich selber für wenigstens eine Seemeile oder entsprechende Kilometer das Ruder eines Schiffes geführt habe. Auf diese Art und Weise hat unser Vorkeller ein sehr maritimes Ambiente erhalten. Neben den Flaggen aller niederländischen Provinzen, einiger deutscher Bundesländer und etlichen Landesflaggen europäischer Staaten hängt dort auch seit Neuestem die kanadische Flagge mit dem Ahornblatt.

Natürlich waren wir nicht mit unserer *Josephine* in oder besser vor Kanada unterwegs gewesen. Unser Boot ist zwar küstentauglich, aber über den Atlantik? Nein, danke! Da ist das Flugzeug die bessere Alternative und brachte uns sicher nach Seattle, dem Ausgangspunkt einer Fahrt nach Vancouver und dann die US-Westküste entlang bis nach San Francisco. In der Vorbereitung dieser Reise hatten wir viele begeisterte Berichte über Vancouver-Island gelesen und diese faszinierende Insel wollten wir natürlich auch besuchen. Damit war eine längere Fährfahrt verbunden, was für uns Wassermenschen einen zusätzlichen Reiz hatte.

Wir hatten uns entschlossen die erste Fähre am frühen Morgen zu nehmen und mussten deswegen noch zu fast nachtschlafender Zeit in Vancouver aus unserem Hotel auschecken. Es war gut, dass wir frühzeitig einen Platz auf der Fähre reserviert hatten, denn trotz der frühen Stunde war das Schiff fast ausgebucht.

Pünktlich legte die Fähre ab und kaum hatten wir den Anleger verlassen, bot sich uns ein herrlicher Blick auf die Küste und die Inselwelt dieser Ecke Britisch-Columbias. Die Sonne kam über den Horizont hoch und vertrieb die letzten Dunstschleier. Ein wahrhaft phantastischer Morgen.

Voller Sehnsucht stand ich auf dem Vorschiff und träumte davon auch einmal auf diesen Gewässern mit einem Boot selber herum zu schippern. Nun das würde wohl ein Traum bleiben. Aber wenigstens eine Flagge für meinen Keller wäre doch eine schöne Erinnerung. Nur, wie sollte ich es bewerkstelligen, hier selber eine Seemeile ein Schiff zu steuern? Als ich die Idee schon fast aufgegeben hatte und wieder unter Deck zu meiner Frau ging, kam ich am Büro der Zahlmeisterin vorbei; da schoss es mir durch den Sinn, doch einfach mal zu fragen, ob ich nicht die Fähre mal ein Stück über dieses Gewässer, die ‚Strait of Georgia‘, fahren dürfe. Ich nahm meinen Mut zusammen und sprach die freundlich lächelnde Zahlmeisterin an. Natürlich erklärte ich auch den Hintergrund meiner Bitte. Sie lachte und griff daraufhin zum Hörer der Bordsprechanlage. Ein kurzes Gespräch mit der Brücke und der Kapitän erteilte tatsächlich die Erlaubnis, dass ich zu ihm hoch kommen durfte.

Er begrüßte mich auf der Brücke mit einem kräftigen Händedruck und einem herzlichen: „Welcome Captain!“ Ich musste ihm noch einmal kurz den

Grund meiner Bitte erläutern und ein Foto meines Bootes zeigen und dann durfte ich in seinem Steuerstuhl Platz nehmen und die Fähre steuern.

Der Steuerstand vor mir war mit den unendlich vielen Instrumenten   sehr beeindruckend und der Captain erklärte mir geduldig die Funktionen der wichtigsten Geräte. Besonders hatte es mir die elektronische Seekarte angetan, auf der ich sehen genau konnte, wo wir uns gerade befanden und welchen Kurs wir nahmen. Da keine Unterwasserhindernisse oder Klippen auf unserem Kurs lagen und die Tiefe unter uns nicht befürchten ließ, auf Grund zu laufen, fuhr ich entspannt die riesige Fähre in Richtung Vancouver-Island. Währenddessen erzählte mir der Captain noch, dass er früher einen Öltanker gefahren hätte und mit diesem öfter in Wilhelmshaven gewesen sei. Ich berichtete von unseren Fahrten mit *Josephine* auf den verschiedenen europäischen Gewässern und so verging die Zeit wie im Fluge. Wir näherten uns schon unserem Zielhafen Nanaimo, als der Captain meinte, nun wolle er doch lieber wieder das Ruder übernehmen und das Anlegemanöver selber fahren. Das war mir auch lieber so. Doch, wenn auch unter Aufsicht, hatte ich den riesigen Pott rund fünf Seemeilen selber und vor allem sicher gesteuert!

Nun schmückt auch die Flagge mit dem Ahorn zu Recht unseren Vorkeller.

Happy Birthday

Egal, wo man ist auf dieser Welt, eine Möglichkeit ein bisschen Bötchen zu fahren gibt es (fast) immer. Nachdem wir jahrelang unsere Ferien auf unserem Boot *Josephine* verbracht hatten, wollten wir mal was anderes sehen, als Flüsse und Kanäle, Ijssel- und Wattenmeer.

Einer der sehnlichsten Wünsche meiner Frau war es, einmal in den Neuenglandstaaten, in den USA, den Indian Summer oder wie die Amerikaner sagen ,fall foliage', zu erleben. Also wurde für den Herbst eine Reise in die Staaten geplant. Schon die Vorbereitung auf diese Reisewar etwas ganz anderes als die Törnplanung, die sonst den Urlaubsreisen voran ging. Soweit es um die Routenplanung und das Festlegen von Tageszielen ging, glich es zwar tatsächlich noch ein bisschen unseren Planungen für die Bootstouren , aber schon die Frage welche Art von Leihwagen denn wohl für uns am besten geeignet sei, stellte uns vor vollkommen neue Herausforderungen. Im Internet wurde nach geeigneten und günstigen Flugverbindungen gesucht und aus der unendlichen Zahl von Hotelunterkünften in den Orten, die wir besuchen wollten, war schon mal eine Vorauswahl zu treffen und zum Teil vor zu buchen.

Ein kleines Highlight der Reise sollte der Aufenthalt in Camden, Maine, werden, denn dort hatten wir ein Bed and Breakfast-Hotel mit einer recht viktorianisch anmutenden Ausstattung (very british!) entdeckt. Der Clou war jedoch, dass jedes Bett in den Zimmern mit einem individuellen Quilt dekoriert war. Das war ja was für meine Patchwork-Enthusiastin. In die Zeit unseres Aufenthaltes dort fiel auch mein Geburtstag und wir waren sicher, ein schönes Restaurant zu finden, um diesen Tag würdig feiern zu können.

Auf unserer Fahrt von Boston gen Norden waren wir von der phantastischen Küste mit den vorgelagerten Inseln überwältigt und hätten uns am liebsten dort angesiedelt. Der kleine Ort Camden an der Penobscot Bay enttäuschte uns auch nicht und war noch schöner, als wir ihn uns vorgestellt hatten.

Natürlich gab es dort auch einen Yachthafen in dem prächtige Segelschiffe und Motorboote aller Größen an den Mooringbojen schwoiten. Mit ein wenig Wehmut im Herzen schlenderten wir über die Hafenpromenade. Ein Urlaub ohne Bootstour und dann in diesem tollen Revier; das war schon die Härte.

Während ich wenigstens ein paar Fotos schoss, verabschiedete sich meine Frau mit den Worten: „Da hinten sind Restrooms; ich komme gleich wieder. Du kannst ja schon mal da hinten zu dem Geschäft mit den schönen Wohnaccessoires gehen und dort auf mich warten." Als folgsamer Ehemann machte ich das denn auch und wartete geduldig, obwohl es mir schon recht lang zu dauern schien, bis meine bessere Hälfte wieder auftauchte. Der Besuch des Geschäftes machte uns um einige Dollar ärmer, aber neben ein paar schönen Kleinigkeiten für unser Zuhause erhielten wir auch einen guten Tipp für das Geburtstagessen am nächsten Tag.

Am folgenden Morgen entwickelte meine Frau beim Frühstück eine ungewohnte Hektik und drängelte schon bald zum Aufbruch zu einem schönen Spaziergang. Das Wetter war prächtig, die Sonne schien, was das Zeug hergab und es war auch schon zu früher Stunde angenehm warm. Da der Wetterbericht für den ganzen Tag eine stabile Wetterlage prophezeite, verstand ich nicht so ganz, warum wir das Frühstück schon so schnell beenden sollten. Meine Ehefrau war jedoch unerbittlich und führte mich auf direktem Weg hinunter zum Hafen.

Dort wies sie auf einen wunderschönen alten Schooner und meinte mit strahlendem Lächeln: „ Da, das ist dein Geburtstagsgeschenk!" Ich staunte nicht schlecht und entgegnete. „Na, das ist ja eine tolle Überraschung. Aber so ein großes Schiff zum Geburtstag? Übersteigt das nicht etwas unsere finanziellen Möglichkeiten?" „ Ach Du Doof, ich kann Dir doch kein großes Segelschiff schenken. Nein, ich habe nur eine Ausflugsfahrt damit gebucht. Und mit dem ‚Captain' hab ich auch schon abgesprochen, dass Du draußen auf der Penobscot Bay das Ruder für ein bis zwei Seemeilen übernehmen darfst, damit Du deiner Flaggensammlung auch die amerikanische Flagge hinzufügen kannst." Sprach's und zog die Flagge aus ihrer Handtasche. „Herzlichen Glückwunsch zum Geburtstag mein Skipper!"

Griechische Trilogie

Rolling aus der Koje

„Rolling Home", ein Shanty, den jeder kennt. Aber es geht auch anders.

Unsere Freunde, Anette und Peter, hatten uns auf ihr Segelschiff, die *Nautilus*, eingeladen und gemeinsam wollten wir von Korfu in das Ionische Meer segeln. Das war für mich ja nun mal eine Supergelegenheit ein wenig Segeln zu lernen. Als fünfter Mann war noch ein weiterer Freund an Bord; Lukas, der schon ein wenig Segelerfahrung hatte.

Voller Spannung flogen wir nach Korfu und malten uns schon mal aus, wie wir stramm am Wind durch das glasklare Wasser rauschen würden, abends in herrlichen Buchten vor Anker gehen würden und freuten uns natürlich auf griechischen Wein und andere leibliche Genüsse, die uns dort erwarteten.

Bevor diese Träume wahr wurden, erwartete unser Skipper uns aber erst einmal mit einem Arbeitsprogramm. Das Schiff musste nach den Wintermonaten aufgeklart werden und für die nächsten Tage war Proviant einzukaufen, damit wir in unseren Traumbuchten nicht nur die Seele baumeln lassen konnten, sondern auch etwas für Leib und Magen hatten. Doch die Vorfreude wurde durch diese Arbeiten keineswegs getrübt.

Dann war es soweit! Skipper Peter stand majestätisch am Ruder, sich seiner Verantwortung sehr bewusst, und gab das Kommando: „Leinen los!". Seine Frau, mit der er schon etliche Langzeittörns im Mittelmeer hinter sich hatte, stand mit mir auf dem Vorschiff und flüsterte leise: "Lass ihn man nur kommandieren, wir machen das so, wie ich das immer mache." Vielleicht kamen wir gerade deswegen so elegant von dem Liegeplatz weg.

Kaum aus dem Hafen heraus, wurde der Motor abgeschaltet und die Segel gehisst. Skipper Peter begann mit meiner Ausbildung und erklärte mir die Besonderheiten des Segelns. Für mich als ‚Motorer‘ war es schon sehr gewöhnungsbedürftig, nicht nur mit dem Ruder zu steuern, sondern zusätzlich die Segel dafür zu nutzen und auch dann noch den Kurs zu halten, wenn der Wind nicht optimal stand. Nach dem Vormittag war ich geschafft, aber mein Skipper meinte, mit ein wenig Übung könne man aus mir wohl noch einen passablen Segler machen.

Die nächsten Tage brachten uns herrlichstes Segelwetter und Peter und seine Frau Anette zeigten uns herrliche Buchten mit geschützten Ankerplätzen, wo wir sicher übernachten konnten. Landausflüge auf den kleinen Inseln ergänzten unser Programm und in den ‚Kafenia‘ genossen wir den traditionellen griechischen Kaffee.

Meine Segelausbildung machte gute Fortschritte und Peter wollte bei der Planung der nächsten Etmale nun mal eine Nachtfahrt angehen. Bei dieser Ankündigung dachte ich mir nichts besonderes, aber meine Frau erahnte, was damit verbunden war. Sie fragte: „Was heißt das konkret?" „Ganz einfach", erklärte Peter: „ Immer zwei von uns gehen gemeinsam Wache während die anderen in der Koje liegen. Die erste Wache übernehmen Anette und ich und dann sind Hanjo und Lukas dran." Meine Frau fragte, um ihre Sicherheit bedacht, skeptisch nach: „ Und Du meinst die beiden Anfänger schaffen das?" Peter antwortet im Brustton der Überzeugung: „Aber sicher doch, schließlich hab ja ich die beiden ausgebildet."

Der Tag ging und mit Einbruch der Dunkelheit kam nicht ‚Johnnie Walker‘ sondern die große Bewährungsprobe für Lucas und mich. Peter wies uns noch einmal intensiv an der Seekarte in den geplanten Kurs ein und verschwand danach in seiner Koje.

Wir waren schon eine Weile allein am Ruder und eigentlich ganz zufrieden mit unseren Segelkünsten, als der Wind allmählich auffrischte. Die *Nautilus* hatte ordentlich Fahrt aufgenommen und wir konnten bald eine Insel am Horizont ausmachen, an der wir östlich vorbei segeln mussten. Der Wind schob uns aber immer weiter gen Westen. Lucas meinte, dass wir vielleicht reagieren müssten, sonst würden wir an der Insel nicht vorbei kommen. Recht hatte er ja. Ich versuchte mit dem Ruder zu steuern, mit dem Erfolg, dass ich mir selbst den Wind aus dem Segel nahm. Also, was hatte ich gelernt: Um wieder richtig auf Kurs zu kommen musste ich eine Wende machen. Das Manöver missriet gründlich, wir fuhren eine klassische Patenthalse und unseren alten Kurs hatten wir auch nicht wieder. Kurze Beratung mit Lucas, der noch auf ein großes Berufsschiff hinwies, das in einiger Entfernung zu uns auszumachen war und der nächste Versuch. Auch der ging mehr oder weniger schief, aber nun hatten wir unser Schiff schön hoch am Wind und nahmen ordentlich Fahrt auf. Mit ziemlicher Schräglage ging es rasend schnell auf die Insel zu. Die *Nautilus* lag sehr schräg im Wasser und uns wurde etwas mulmig. Lukas schlug noch einmal ein Wendemanöver vor, was ich gut fand. Es wurde wieder eine Halse und unser Segelschiff legte sich nun heftig auf die andere Seite. Das Manöver wurde von einem heftigen Poltern unter Deck begleitet. Hatten wir das Bordgeschirr zerdeppert? Nach unten gehen und nachsehen wollte keiner von uns; erst einmal mussten wir unser Schiff wieder in den Griff bekommen.

Es war auch nicht nötig nachzusehen, denn Sekunden später erschien der Poltergeist persönlich im Luk zum Niedergang. Da stand unser Skipper in modisch gestreiftem Nachtgewand und fragte entgeistert. „Seid ihr total von allen guten Geistern verlassen? Ich bin durch eure abenteuerlichen Manöver aus der Koje gerollt und unliebsam geweckt worden." Wir erklärten ihm unsere erfolglosen Versuche, das Schiff wieder auf Kurs zu bringen und verstanden seine Aufregung nicht so ganz. War doch eigentlich (noch) nichts passiert. Hinter ihm tauchte eine Hand mit einem Jogginganzug auf und Anette meinte, er solle sich nur nicht verkühlen, denn die blauen Flecken würden als Erinnerung an diese Nachtfahrt Andenken genug sein.

Lukas und ich revanchierten uns im nächsten Hafen mit einer Einladung in eine schöne griechische Taverne und stimmten damit unseren Skipper wieder gnädig.

Muschelsuche

Unser Skipper war schon des Öfteren im Ionischen Meer unterwegs gewesen und kannte dieses Revier sehr gut. Er versprach uns für den heutigen Abend wieder einen idyllischen Ankerplatz in der Bucht einer kleinen Insel. Dort könnten wir vor dem Abendessen noch ein bisschen schwimmen und schnorcheln, denn das Wasser dort sei sehr sauber und schön warm.

Gespannt, ob seine begeisterte Schilderung wirklich wahr wäre, näherten wir uns der Bucht. Peter beorderte Anette und mich auf den Bug und gab uns den Auftrag, den Anker klar zu machen. Vorsichtig manövrierte er die *Nautilus* durch die schmale Einfahrt und dann lag der vielgepriesene Ankerplatz vor uns. Glasklares Wasser, durch das wir bis auf den Meeresboden gucken konnten, der in ungefähr 4-5 Meter Tiefe unter uns lag. Einfach herrlich!

Vom Skipper, der am Ruder stand, kam die Frage: „Anker klar?"

„Aye, aye Captain! Alles klar zum Ankern." Noch ein paar Meter und dann das Kommando: „Anker raus!" Ich ließ den Anker ausrauschen und mit Annette zusammen beobachtete ich, wie er sich auf den Grund legte. Unser Kapitän fuhr ein wenig rückwärts, während Annette ihren Fuß oben auf die Ankerkette gesetzt hatte, um spüren zu können, ob sich der Anker im Boden festsetzte. „Anker hat gefasst!" rief Anette nach hinten und strahlte, weil das Manöver auf Anhieb so gut geklappt hatte. Vor dem Bug, direkt neben unserem Anker auf dem Meeresboden, hatte ich derweil eine riesige Muschel bzw. das Gehäuse einer Seeschnecke entdeckt. Es war so groß wie ein Tennisball. Ob es wohl noch bewohnt war? Nachdem unser Skipper noch einmal den festen Sitz des Ankers kontrolliert hatte und es den obligatorischen Einlauf-Ouzo gegeben hatte, hielt mich nichts mehr an Bord. Badehose an und hinein ins Wasser. Das Schneckengehäuse war deutlich zu sehen und hatte sich in der Zwischenzeit auch nicht von der Stelle bewegt. Erste Tauchversuche waren jedoch wenig erfolgreich. Ich kam einfach nicht bis ganz bis auf den Boden. Peter, der sich das Ganze mit leicht spöttischem Grinsen angeschaut hatte, reichte mir schließlich eine Taucherbrille und Flossen. „Versuch's mal damit, das geht vielleicht besser." Ich kam mit dieser Ausrüstung zwar schon näher an das Objekt meiner Begierde, aber ganz reichte es immer noch nicht. Mein Freund hatte die nächste gute Idee. Er holte seinen Reserveanker aus der Backskiste, ließ ihn ins Wasser gleiten und platzierte ihn vorsichtig in der Nähe des Schneckengehäuses. Nun hangelte ich mich an der zusätzlichen Ankerkette nach unten und kam tatsächlich bis auf den Grund. Das Schneckengehäuse war leer und ich schnappte es mir. Nach dem Auftauchen reichte ich es meiner Frau und kletterte an Bord. Die ganze Crew bewunderte meine Beute. Das Gehäuse war sogar noch etwas größer als wir gedacht hatten und vollkommen unversehrt. Das war ein tolles Souvenir.

Nach unserer Rückkehr erhielt es einen Ehrenplatz in unserem Badezimmer und erinnert uns seitdem an den wunderschönen Törn im Ionischen Meer.

Das Echtheitszertifikat

Wir näherten uns am späten Nachmittag einer der vielen kleinen Inseln und unser Skipper versprach uns für heute nicht nur einen ordentlichen Hafen, sondern auch einen besonderen Gaumenschmaus... wenn er denn die Zutaten alle bekommen würde. Vier aus unserer Crew waren gute und engagierte Köche und hatten uns während des bisherigen Törns schon sehr verwöhnt. Wir waren gespannt, wie Peter das nun noch toppen wollte.

Beim gemeinsamen Landgang steuerte er zielstrebig einen kleinen Laden an, der erst auf den zweiten Blick als Schlachter zu erkennen war, denn hinter der Schaufensterscheibe gab es keine Auslage, so wie wir es von unseren einheimischen Fleischergeschäften her kannten. Wegen der großen Hitze war es fast unmöglich, offen ausliegende Ware zu kühlen und vor dem Verderben zu bewahren. Nur ein paar Dauerwürste hingen an den Haken hinter dem Tresen. Peter kannte das Geschäft und wusste, dass sich das Frischfleisch in einem Kühlraum hinter dem Laden befand.Er begrüßte den Inhaber wie einen alten Bekannten und verhandelte in allen Sprachen des Mittelmeerraums mit ihm. Wir anderen standen dahinter und verstanden nur ‚Güterbahnhof‘. Der Schlachter verschwand schließlich im Kühlraum und kam mit einem großen Stück Fleisch wieder, das aussah wie eine komplette Keule. Meine küchenerfahrene Frau vermutete, dass es wohl eine Lammkeule sei. Peter grinste jedoch nur und meinte: "Lass dich überraschen!" Er feilschte mit dem Schlachter noch ein wenig über den Preis und schließlich wurde der Kauf mit einem Ouzo besiegelt. Und jetzt gab es die Überraschung. Der Fleischer drehte die Keule auf die andere Seite und zeigte uns das kleine Schwänzchen, das sich noch an seinem natürlichen Platz befand und erklärte uns mit Händen und Füßen, und einem

Misch-Masch aus wenigen Brocken Englisch und Deutsch, dass dies ein Ziegenschwänzchen sei. Peter hatte nämlich ein Stück Zicklein eingekauft und erklärte uns nun, dass man hier den kleinen Schwanz nach dem Schlachten nicht abhacken würde. Das Tier wurde den Wünschen der Kunden entsprechend zerlegt und nur so könne man bis zum letzten Stück erkennen, dass einem kein Lamm, sondern wirklich Zicklein verkauft wurde.

Auf dem Weg zurück zum Hafen steuerte unser Skipper noch zielstrebig eine Weinhandlung an. Dort war die Auslage schon etwas üppiger. Der Ladenbesitzer bot uns auch gleich aus seinem Flaschenregal einige Weine an, aber die interessierten Peter eigentlich nicht. Er fragte nach einem bestimmten Rotwein. Der Wirt grinste und erinnerte sich jetzt, dass Peter hier schon einmal eingekauft hatte. Er verschwand in den hinteren Räumen und kam mit ein paar Gläsern zurück, in denen ein dunkelroter Wein schimmerte. Er schmeckte köstlich und schien die Sonne und das Aroma der Landschaft in sich gespeichert zu haben. Der würde hervorragend zu unserem Zicklein passen. Es gab ihn allerdings nicht in Flaschen, sondern er wurde vom großen Fass in 5-Liter- Kanistern abgefüllt. Naja, die würden wir schon schaffen; man gönnt sich ja sonst nichts.

Peter erwies sich an Bord als Meister der Zicklein-Zubereitung, während uns die Frauen mit einem kleinen Vorspeisenteller griechischer Spezialitäten verwöhnten. Nur Lucas und ich hatten nichts zu tun und mussten uns notgedrungen wohl oder übel mit dem Rotwein beschäftigen. Unsere Küchenbrigade ging aber auch nicht leer aus, denn Lucas hatte vorsichtshalber heimlich einen zweiten Kanister gekauft.

Schleuse in the dark

Auf der Überführungsfahrt mit dem Schiff unserer Freunde hatten wir durch einen schweren Fehler in Stromversorgung an Bord und die notwendige Reparatur sehr viel Zeit verloren. Da uns aber für die Fahrt zu dem neuen Liegeplatz nur ein verlängertes Wochenende zur Verfügung stand und jetzt Ende Oktober auch das Wetter nicht mehr so stabil war, wollten wir versuchen, täglich so viel Kilometer wie möglich zu bewältigen. Auf den Kanälen, auf denen wir fuhren, waren allerdings auch Geschwindigkeitsbeschränkungen zu beachten, so dass wir nicht mit voller Kraft voraus durch die Gegend brettern konnten. Also hieß es, morgens so früh wie möglich loszufahren und abends so lange zu fahren, wie wir noch etwas sehen konnten.

Die Überführungscrew bestand aus dem stolzen Besitzer des neuen Schiffes, Günther, seinem Freund Bernd, der das erste Mal an Bord eines Schiffes war und wie sich ziemlich schnell herausstellte zu nichts zu gebrauchen war. Ungeschickt wie er war, machte er alles falsch und war keinesfalls eine helfende Hand. Da er zu Hause von einer treusorgenden Ehefrau bedient wurde, war er selbst in der Pantry keine Hilfe, sondern stand nur im Weg. Wenigstens das beherrschte er.

Zur Crew gehörte neben mir noch unsere Tochter Nadine, die durch zahlreiche Urlaube auf unseren Booten über die erforderliche Erfahrung verfügte, um mir eine echte Hilfe zu sein. Unser Bootseigner war zwar nun Besitzer eines eigenen Schiffes, aber sehr viel Erfahrung hatte er noch nicht; noch nicht einmal einen Bootsführerschein.

Mit dieser Crew waren wir seit dem frühen Morgen unterwegs und nun wurde es allmählich dunkel. Mit meiner Tochter studierte ich die Karte und wir mussten leider feststellen, dass es in der Nähe keinen geeigneten Hafen für eine Übernachtung gab. Lediglich noch ein ganzes Stück entfernt gab es in einem stillgelegten Kanalarm hinter einer offenstehenden Schleuse einen kleinen Hafen. Wenn wir dort ankämen, würde es zwar schon dunkel sein, aber am Kanalufer wollten wir auch nicht übernachten.

In stockdusterer Nacht erreichten wir die Einfahrt in den alten Kanal. Nadine stand mit einer Taschenlampe bewaffnet im Bug und rief mir zu, dass die Einfahrt verdammt schmal sei und zweifelte, ob wir da durchpassen würden. Ich stoppte auf und nahm das vor uns offen stehende alte Schleusentor selbst in Augenschein. In der Dunkelheit war die Breite der Schleuse nur schwer abzuschätzen. Es würde sehr knapp, müsste aber gehen. Ich instruierte meine Besatzung. Nadine und Günther sollten mit Fendern bewaffnet vom Bug zum Heck mitgehen und das Schiff vor unliebsamen Berührungen mit der Schleusenwand schützen, während ich ganz vorsichtig und langsam in den Hafen fahren würde. Bernd beorderte ich an meine Seite, er sollte nichts anfassen, nur gucken. Zwei Minuten (gefühlt eine halbe Stunde) Hochspannung; nichts knirschte und wir waren ohne Schramme durchgekommen.

Wir fanden einen ordentlichen Liegeplatz, machten das Schiff fest und gönnten im örtlichen chinesischen Restaurant ein verdientes, gutes Abendessen.

Mit Sonnenaufgang ging es weiter und nun sah ich im Hellen, wo wir gestern Nacht durchgefahren waren. Die Durchfahrt durch das alte Schleusentor war allenfalls 10cm breiter als unser Schiff! Selbst bei guter Sicht eine echte Herausforderung. Aber es war ja gut gegangen.

Schnitzeljagd

Mein Beruf als Soldat hatte es mal wieder mit sich gebracht, dass meine Familie und ich den Wohnort wechseln mussten. Vom schönen Aurich in Ostfriesland ging es nach Köln. Tränenreicher Abschied von der Küste, an der wir uns so wohl gefühlt hatten und auch vom Wattenmeer, wo wir manch schönen Törn mit unserem Boot unternommen hatten. Naja, an unserem neuen Standort gab es ja wenigstens den Rhein. Für unser Boot fanden wir auch bei der Herseler Werth einen geeigneten Liegeplatz; war nur noch die Frage zu klären: Wie kommt *Josephine* dahin?

Die Bundeswehrverwaltung weigerte sich sehr humorlos das Schiff als Umzugsgut anzuerkennen. Als ich mein Leid meinem Freund Reinhard, ebenfalls Soldat und eingefleischter Segler, klagte, schlug der spontan vor, dass wir doch *Josephine* gemeinsam auf eigenem Kiel an den Rhein bringen könnten. Keine schlechte Idee! An zwei oder drei Wochenenden müsste das zu schaffen sein.

Nach ausgiebiger Planung machten wir uns auf die Reise. Von Norddeich durch das Wattenmeer in die Ems hinein und dann sollte es weiter über den Dortmund-Ems-Kanal, Wesel-Datteln-Kanal bei Wesel in den Rhein gehen.

Wir hatten die ersten Abschnitte unserer Reise relativ flott hinter uns gebracht und erreichten den Rhein nach einer langen Kanalfahrt. Dort wollten wir im Weseler Yachtclub Station machen und uns dann auf das letzte Etmal nach Hersel begeben.

Unsere damalige *Josephine* war ein schon etwas älterer, sogenannter ‚Weekender‘ und bot nur einen eingeschränkten Komfort. Es gab zwar eine kleine Chemietoilette und eine Kochstelle, aber für eine ordentliche Körperpflege war man auf die Sanitäranlagen eines Yachthafens angewiesen. Und genau daran hatte es uns auf unserer Kanalfahrt gemangelt. Unrasiert und sicherlich auch mit einem leichten Odeur machten wir in Wesel fest.

Da bekanntlich Esen Leib und Seele zusammenhält, beschlossen wir zunächst mal für unser leibliches Wohl zu sorgen. Die Kochstelle in der offenen Plicht wurde aktiviert und schon bald überlagerte ein gutriechender Duft aus der Pfanne in der zwei köstliche Schnitzel vor sich hin brutzelten, alle anderen Gerüche. Vorbei flanierende Besucher des Hafens und der nahen Tennisanlage, auf der offensichtlich ein Turnier stattfand, kommentierten unsere Kochkünste mit sehr positiven Worten. „Mmh, das riecht aber lecker! Da kriegt man ja richtig Appetit!" In unserem Piratenoutfit waren wir dazu der krasse Gegensatz. Mit speckigen Jeans, alten Turnschuhen und nicht mehr ganz sauberen T-Shirts sahen wir in dieser Umgebung schon sehr exotisch aus. Erst als wir uns nach dem gelungen Essen auch der körperlichen Restauration gewidmet hatten und in frische Klamotten gewandet hatten, passten wir dann äußerlich in unsere Umgebung.

Als wir Jahre später wieder einmal zu Gast in diesem Hafen waren entdeckten wir am Eingang des Clubrestaurants den Hinweis: „Besuchen sie uns! Hier gibt es die besten Schnitzel weit und breit!" Ein Zusatz wies noch darauf hin, dass man im Restaurant bitte eine angemessene Bekleidung tragen solle. Hatte unser damaliger Aufenthalt bleibende Spuren hinterlassen?

Feuchte Ankunft

Wir verbrachten unseren Sommerurlaub mit unserer *Josephine* in den Niederlanden und hatten uns vorgenommen Friesland und die Gewässer in der benachbarten Provinz Overijssel zu erkunden.

Bei strahlendem Sonnenschein erreichten wir an einem Sonntagnachmittag die kleine Stadt Vollenhove mit der imposanten Kirche, die uns schon von weitem gegrüßt hatte. Um in den inneren Stadthafen zu gelangen, mussten wir noch eine pittoreske alte hölzerne Hebebrücke passieren, die für uns jedoch nicht bedient werden musste, da unser Boot flach genug war, um darunter her zu fahren.

In dem Hafenbecken waren an den Stegen noch etliche Liegeplätze frei und wir hatten die freie Auswahl. Je nachdem ob man mit dem Bug oder mit dem Heck zum Steg anlegen wollte, mussten an den Pfählen im Wasser Heck- oder Bugleinen festgemacht werden. Da unser Boot mit seinem Z-Antrieb nicht ganz einfach rückwärts zu steuern war, entschloss ich mich mit dem Bug voraus an den Steg zu gehen. Meine Bordfrau beorderte ich mit einer Leine in die offene Plicht unseres Bootes und gab ihr den Auftrag beim passieren des Pfahls hinter dem Liegeplatz die Leine über diesen zu werfen.

Langsam fuhr ich auf den Liegeplatz. Mit einem Blick nach hinten vergewisserte ich mich dass meine Bootsfrau in Position war und sah auch wie sie mit gekonnten Schwung die Leine in Richtung Pfahl warf. Leider verfehlte sie ihn und rief mir zu, dass das schief gegangen sei. Da das Manöver nicht geräuschlos vonstattengegangen war, hatten wir die Aufmerksamkeit der anderen Bootsleute, die beim nachmittäglichen Kopje Koffee und einem leckeren Stück Fla auf dem Achterdeck den Sonntagnachmittag genossen, geweckt. Voller Spannung schauten Sie zu uns herüber und waren gespannt was nun folgen würde.

Ich fuhr langsam und vorsichtig zurück, meine Frau kletterte auf die kleine Badeplattform hinaus, um näher an den Pfahl heranzukommen und dann ging es wieder vorwärts. Während ich aufpasste, nicht mit dem Bug auf den vor mir liegenden Steg aufzubrummen kam von hinten ein ziemlich verzweifelt klingender Schrei: „Stop! Zurück! Ich habe die Leine wieder nicht über den Pfahl gekriegt." Beim umschalten in den Rückwärtsgang war ich wohl etwas zu forsch und so kam der nächste Schrei von hinten. „Langsam! Wir knallen gleich gegen den Pfahl!" Gashebel also schnell nach vorn gelegt, um die Kollision zu vermeiden. *Josephine* vollführte daraufhin so etwas ähnliches wie einen Bocksprung und dem Gesetz von der Trägheit der Massen folgend, verharrte meine Bordfrau an der Stelle wo eben noch die Badeplattform unter ihr gewesen war, bevor sie mit einem weiteren Aufschrei im Hafenwasser landete.

Nette Menschen von den Nachbarschiffen eilten zu Hilfe, zogen meine triefnasse Frau aus dem Wasser und hatten sogar einen Bademantel dabei, den sie ihr als Ersatz für ihre nassen Klamotten anboten. Während sie mir dann halfen unsere Josephine festzumachen, verschwand meine Bordfrau leise fluchend im Duschgebäude und im Hafen kehrte wieder schläfrige Ruhe ein.

Die Brücke von Emden

Die Brücke am Kwai oder die Brücke von Rema-
gen sind allgemein bekannt, aber wer verbindet schon
mit der Brücke von Emden etwas Besonderes?

Wir waren mit unserer *Josephine* von den Niederlanden nach Deutschland herübergekommen, um
unsere Freunde in Aurich mal mit dem Schiff zu besuchen. Schon seit Tagen herrschte eine affige Hitze
und wir waren froh, uns auf dem Wasser zu bewegen,
denn da ware die Temparaturen noch einigermaßen
erträglich. Trotzdem verursachte jede Bewegung einen Schweißausbruch. Selbst in der Nacht gab es
kaum Abkühlung. Unser Stahlschiff hatte sich auch
ordentlich aufgeheizt. Die Gangborde waren so heiß,
dass man sich ohne Schuhe die Füße verbrennen
konnte.

In Emden hatten wir in unmittelbarer Nähe einer
Tankstelle angelegt, weil wir unseren Dieselvorrat
auffüllen mussten. Oberhalb des Liegeplatzes stand
in einem kleinen Park ein riesiger Baum, der uns mit
seiner weitausladenden Krone sogar ein wenig Schat-
ten bot. Obwohl man es an diesem schattigen Plätzchen bei solchem Wetter gut aushalten konnte, wollten wir am nächsten Morgen weiter nach Aurich
schippern.

Am nächsten Vormittag legten wir ab und fuhren
auf die Straßenbrücke zu, die wir vor Erreichen der
Kesselschleuse noch passieren mussten. Die Brücke
stand schon halb offen, als wir uns näherten, bewegte
sich aber nicht weiter. Das beunruhigte uns zunächst
nicht, denn so etwas hatten wir in den Niederlanden
auch schon hin und wieder erlebt. Irgendein kleiner
Defekt der Technik, der sicher bald behoben würde.
Während wir geduldig mitten auf der Wasserfläche
des Falderndelft warteten, ertönte Sirenengeheul. Mit
Blaulicht und entsprechender Geräuschkulisse er-

schienen auf der Uferstraße Feuerwehrfahrzeuge. Kritisch bemerkte meine Bordfrau: „Wenn die über die Brücke müssen, haben die aber schlechte Karten. Hoffentlich fährt der Brückenwärter die Brücke schnell wieder runter." Mit der halbgehobenen Brücke passierte jedoch gar nichts. Die Löschfahrzeuge hielten vor ihr an und fingen relativ gelassen an, Pumpen und Schläuche zu installieren. Dann das Kommando: „Wasser marsch!" Mit zwei Rohren wurde die Brücke angespritzt. „Was war denn das für eine Übung?", fragten wir uns. Vorsichtshalber fuhren wir mal zu dem Liegeplatz, den wir gerade verlassen zurück und machten dort wieder fest. Voller Neugier gingen wir zu Fuß zu der Brücke und erfuhren von einem der Feuerwehrleute, was es für eine Bewandtnis mit der Brückenwässerung hatte. Heute Morgen hatte der Brückenwärter die Brücke für ein Schiff geöffnet und nicht wieder schließen können. Der Stahl der Brücke hatte sich wohl bei der Hitze der letzten Tage unverhältnismäßig stark ausgedehnt und nun passte die Brücke nicht mehr in die Aufnahme. Mit viel Wasser wollte man die Brücke nun solange kühlen, bis sie wieder auf ihr normales Maß schrumpfen würde und geschlossen werden könne.

In der Zwischenzeit war der Verkehr in Emden mehr oder weniger zusammengebrochen und als ich den Brückenwärter fragte, wann wir denn damit rechnen könnten nach Aurich fahren zu können, grinste er mich fröhlich an, zuckte die Schultern und meinte. „Wenn es wieder kühler geworden ist, -spätestens im Herbst. Jedenfalls mache ich die Brücke vorläufig nicht wieder auf, wenn sie einmal wieder unten ist."

Unsere Freunde kamen per Auto nach Emden und wir feierten ein fröhliches Wiedersehen an Bord unserer *Josephine*.

Das Chorschiff

Yachthafen Delfzijl 53° 19,80 ' N, 006° 55,83 ' E
Mitte Oktober.

Langsam werde ich wach und bin irritiert. Um uns herum herrscht eine ungewöhnliche Stille, obwohl außer uns noch etliche Gastschiffe an den Stegen des Yachthafens liegen. Von der üblichen morgendlichen Betriebsamkeit ist nichts zu hören. Ich werfe einen Blick aus dem Fenster unserer Achterkajüte und…. sehe nichts! Es scheint, als ob unser Schiff über Nacht von einer Riesenspinne in einen weißen Kokon eingesponnen wurde. Ein feines weißes „Gespinst" hüllt uns ein. Auch das Aufsetzen der Brille vermag den Spuk nicht zu beenden. Ich sehe jedoch etwas klarer. Wir liegen in dichtestem Nebel, der jedes Geräusch schluckt und die Sicht auf weniger als 10m begrenzt!

Nach der Morgentoilette gehe ich auf den Deich, um mal zu schauen, wie es draußen auf dem Dollart aussieht. Ein phänomenales Naturschauspiel bietet sich mir. Bis in etwa fünf Meter Höhe liegen dichte Nebelbänke über der Wasserfläche und darüber scheint die blasse Herbstsonne. Wird ihre Kraft noch ausreichen den Nebel aufzulösen? Diese Frage beschäftigt nicht nur mich, sondern auch noch andere Skipper, die zurück nach Norddeich wollen. Wir sind optimistisch, dass die Sicht wohl um die Mittagszeit ausreichend sein wird, um sicher über den Dollart und dann weiter in das Wattfahrwasser gen Norddeich fahren zu können. Nur, je später es wird, bekommen wir ein anderes Problem. Die Ebbe wird bald einsetzen und dann haben wir im Watt zu wenig Wasser. Hier im Hafen auf die nächste Flut zu warten ist keine Lösung, denn dann wird es bereits dunkel und die Passage durch den schmalen Prickenweg nordwestlich der Leybucht zwischen Greetsiel und Norddeich ist dann zu gefährlich.

Einer der erfahrensten Skipper in unserer morgendlichen Runde ist der Skipper der „Sindbad", der seit Jahren in diesem Revier unterwegs ist und das Watt und seine Eigenheiten bestens kennt. Da sein Schiff mit einer guten Radaranlage ausgerüstet ist, macht er den Vorschlag, dass wir alle zusammen im Konvoi losfahren sollen, sobald der Nebel sich etwas gelichtet hat. Zwei Stunden später machen wir uns mit fünf Booten, drei Motorer und zwei Segler, auf den Weg. Die Sicht auf dem Dollart ist zwar immer noch nicht besonders gut, aber mit „Sindbad" vorne weg erreichen wir sicher den Beginn des Prickenwegs. Doch da ist erst mal Schluss. Der aktuelle Wasserstand reicht für keinen von uns aus, um dort weiterzufahren. „Sindbad" schlägt vor, dass wir vor Anker gehen und warten bis uns die Flut genügend Wasser bringt. Ein guter Vorschlag, denn eine echte Alternative haben wir nicht.

Noch während wir unsere Anker ausbringen, hat die Sonne es doch noch geschafft! Der Nebel hat sich vollkommen aufgelöst und wir haben eine phantastische Sicht über das Wattenmeer. Am Horizont sind Memmertsand und Juist auszumachen. Meine Bordfrau hat einen wärmenden Tee gekocht und wir machen es uns gerade auf dem Achterdeck gemütlich, als von den beiden Segelschiffen erste Akkorde eines Schifferklaviers herüber wehen. Kurz darauf ertönt dazu ein kräftiger Gesang aus gut geschulten Männerkehlen. An Bord der Segelboote hat der Auricher Shantychor seine Saisonabschlussfahrt unternommen und gibt nun mitten auf dem Wattenmeer ein exklusives Konzert, um uns die Wartezeit bis zum Hochwasser zu verkürzen. Altbekannte Shanties und Seemannslieder klingen über das Wasser und sorgen für ein unvergessliches Erlebnis. Fast bedauern wir es, dass nach einer Stunde die Weiterfahrt möglich ist. Bevor es in den Heimathafen geht, bedanken wir uns bei den Sängern mit einem langanhaltenden Applaus.

Gin Rummy* auf dem Achterdeck

Heute sollte es durch die Seeschleuse Harligen hinaus aufs Wattenmeer und hinüber nach Terschelling gehen. Aufgrund der Gezeiten hatte uns der Hafenmeister in dem kleinen Hafen unmittelbar vor der Schleuse empfohlen, erst am frühen Nachmittag aufzubrechen, aber für die kurze Überfahrt war das kein Problem.

Als wir aus der Hafeneinfahrt in den Kanal einbogen, sahen wir, dass vor der Schleuse schon eine Motoryacht lag. Die Ampel der Schleuse zeigte noch rot und wir machten mit unserem kleinen Boot hinter dieser Yacht am Wartesteg fest. Fast schon bedrohlich ragte der Heckspiegel vor uns auf; unsere Josephine kam uns noch kleiner vor, als sie ohnehin war. Dafür wurden unsere Augen und geheimen Wünsche umso größer. So ein Schiff, das wär es doch! Für uns war es schon fast eine Megayacht, obwohl sie wohl kaum länger als 13m war. Aber gemessen an unseren 6,80 m, naja!?

Auf dem Achterdeck dieses schmucken, sehr gepflegten Schiffes saßen zwei Frauen, nein Ladies, in bequemen Teakstühlen mit schicken Polstern, und spielten Karten. Der Skipper thronte in seinem Steuermannsstuhl und beobachtete die Kartenspielrinnen. Der zweite Mann stand daneben und beobachtete die Schleuse, die jetzt auf rot/grün geschaltet hatte. Kurz darauf öffneten sich die Schleusentore. Der Skipper vor uns startete seine Maschine, während sein Kompagnon die Festmacherleinen löste. Das typische metallisch-surrende Geräusch eines Bugstrahlruders war zu hören und man legte ohne Hektik ab. Dies Manöver war den beiden Ladies auf dem Achterdeck nicht einmal ein Hinsehen wert. In aller Ruhe spielten sie weiter Karten.

In der Schleuse manövrierte der Skipper des „Traumschiffes" seine Yacht souverän an die Schleusenwand und sein Begleiter sicherte es mit Bug- und Heckleine. Wir legten uns wieder dahinter und hatten damit einen Logenplatz, um das Kartenspiel zu beobachten. Es schien ungemein spannend zu sein. Karten auf Karten wurden auf dem Tisch ausgelegt und kommentiert. Nach einem gelungenen Spielzeug nippten die Ladies an einem kleinen Gläschen und prosteten sich gegenseitig zu.

Als das vordere Schleusentore sich öffnete und uns die Ausfahrt freigab, legte eine der beiden Ladies ihre letzten Karten auf den Tisch und rief hocherfreut:"Rummy!" Und das war dann auch noch ein Schlückchen wert. Prost!

*Der Name Rummy leitet sich einerseits von Rum ab, da häufig um Getränke gespielt wurde andererseits bedeutet *rummy* so viel wie *seltsam*.

Butterdosen

Es gibt Dinge zwischen Himmel und Erde, die kann man einfach nicht erklären. An Bord von Schiffen wird für rätselhafte Ereignisse meistens der Klabautermann verantwortlich gemacht. Dieser kleine unsichtbare Kobold treibt seine Späße mit Crew und Schiff, auch bei uns an Bord, und hat schon öfter für Staunen und Aufregung gesorgt.

Ein besonderes Phänomen ist, dass immer wieder irgendwelche Dinge spurlos verschwinden. Nicht etwa, weil sie über die Reling fallen und in den Fluten versinken. Nein, es sind Sachen, die ihren Platz unter Deck haben.

An Bord unserer *Josephine* hatte es Karl, der Kobold, unser persönlicher Klabautermann, auf die Butterdosen abgesehen. Regelmäßig verschwanden sie auf Nimmerwiedersehen und alles Suchen blieb erfolglos. Wenn mal wieder die Suche nach der aktuell benutzten Butterdose stattfand, schworen alle Crewmitglieder Stein und Bein, dass sie das Buttergefäß ordnungsgemäß an den üblichen Platz weggeräumt hätten. Aber da war nix. Schapps wurden durchsucht und manches schon länger vermisstes Teil kam zum Vorschein, aber keine Butterdose. Insbesondere die Bordfrau stieß bei diesen Gelegenheiten wüste Verwünschungen aus, denn sie mochte es überhaupt nicht, die Butter direkt aus der Verpackung heraus zu verarbeiten, weil entweder das Papier riss und sie Butter an den Fingern hatte oder das Papier gleich mit auf das Brot oder in den Topf kam.

Als fürsorglicher Skipper immer um das Seelenheil meiner Bordfrau bemüht und in Sorge, dass sie bei solch Unbill vielleicht mal irgendwann die Geduld verlor und das Kochen einstellen würde, nutzte ich die nächste sich bietende Gelegenheit, eine weitere Butterdose zu kaufen. Einige dieser neuen Modelle erfüllten zwar ihren Zweck, entsprachen aber keinesfalls dem Geschmack meiner Frau. Egal, Hauptsache wir hatten wieder eine Butterdose an Bord.

Unser Klabautermann war aber offenbar nicht bösartig mit seinem Schabernack. Denn eigenartigerweise tauchten die vermissten Butterdosen plötzlich an den unmöglichsten Stellen wieder auf. Mal fand sich eine im Obstkorb auf dem Tisch (eigentlich kaum zu übersehen), mal tauchte eine leer im Kühlschrank auf. Eine andere fanden wir zuhause beim Auspacken unserer Reisetaschen wieder. Wirklich verschwunden war letztlich keine einzige.

Auf diese Art und Weise erwarben wir im Laufe der Zeit eine beachtliche Sammlung, sehr unterschiedlich gestalteter und mehr oder weniger praktischer Butterdosen.

Volle Fahrt voraus

Die großen Seefahrer, die sich in der Vergangenheit tollkühn und voller Entdeckerlust auf die Meere begeben hatten, um auch die entferntesten Winkel unserer Erde zu erkunden, mussten für ihre Reisen auch eine gehörige Portion Mut besitzen. Eigenschaften, die heute nicht mehr so sehr erforderlich sind. Statt Wagemut ist in unseren Zeiten eher Vorsicht und bedächtiges, umsichtiges Handeln gefordert. Dazu gehört eine sorgfältige Törnplanung ebenso, wie die Kenntnis der Besonderheiten des Schiffes, mit dem man unterwegs ist.

Unsere Freunde hatten uns angeboten, uns ihr Boot für einen kurzen Törn im September zu leihen. Das Angebot hatten wir begeistert angenommen. Der Familienrat hatte beschlossen, dass es von Lemmer aus nach Dokkum gehen sollte. Da wir mal etwas anderes sehen wollten, überlegten wir uns, mal eine andere Route zu nehmen, als die schon oft von uns befahrene Dokkumer Ee von Groningen nach Dokkum. Intensiv wurden die Gewässerkarten des ‚ANWB‘ studiert und wir entschlossen uns, den Weg über die Zwemmer zu nehmen. Die Planung hatte nur einen Hacken. Auf diesem Wasserweg gab es nur feste Brücken und keine Hebebrücken, wie wir sie sonst in Friesland immer vorgefunden hatten. Die niedrigste sollte eine Durchfahrthöhe von 2,85 m haben. Würde das reichen?

Mein Freund versicherte mir, dass sein Schiff höchstens 2,50 hoch sei, wenn man die Persenning über dem Fahrstand und dem Achterdeck herunterlassen und die Windschutzscheiben abklappen würde. Wäre zwar ein bisschen Arbeit, aber halb so schlimm, wie es sich anhören würde.

Voller Zuversicht machten wir uns auf die Reise, legten noch einen Zwischenstopp in dem malerischen

Grouw ein und erreichten das Bergumer Meer. Noch bevor wir in das Gewässer ‚Stoppelzool' einbogen, nahmen wir die Persenning herunter und fuhren nun Cabrio. Am Ausgang des Bergumer Meeres klappte ich noch die Scheiben herunter und voller Spannung näherten wir uns der ersten Brücke bei Noordbergum. Laut Karte hatte die eine Durchfahrthöhe von 2,90 m. Ganz vorsichtig und langsam näherten wir uns der Brücke. Das Vorschiff war schon unter der Brücke verschwunden, als meine Frau entsetzt aufschrie. „Da passen wir nicht drunter durch! Der Gashebel ist zu hoch!" In Sekundenschnelle überlegte ich was ich nun machen könnte. Zurückfahren? Nö, das wollte ich nicht. Mit dem Gashebel an der Brückendecke längs-kratzen war auch keine Lösung. Dann durchzuckte es mich. Den Gashebel kurz ganz nach vorne legen, auf Vollgas, und es müsste passen. Gesagt getan! Meine Frau kreischte noch einmal ängstlich auf: „Bist du verrückt?" Der Motor jaulte auf, noch fünf Sekunden Angst und wir waren unter der Brücke durch, ohne dass Crew oder Schiff einen Schaden davongetragen hatten. „Das machst du aber nicht noch einmal!" seufzte die gestresste Bordfrau. „Ähm, Schatz, wir freuen uns doch auf Dokkum und wollen doch dort unbedingt hin. Deswegen musst du noch sechs Mal gute Nerven haben. Und eigentlich war diese Brü-ckendurchfahrttechnik doch gar nicht so schlecht."

Auf der Rückfahrt von Dokkum nach Lemmer nahmen wir dann wieder die Kanäle mit den bewegli-chen Brücken.

Schweiz Ahoi!

Wenn man mit dem Schiff unterwegs ist, ist es interessant zu beobachten, was sich so alles auf dem Wasser bewegt. Nicht die unterschiedlichsten Bootstypen, sondern deren Besatzungen sind es, die uns immer wieder in Erstaunen versetzen und faszinieren. Eine Nation, der wir in unserem bisherigen Revier, den Niederlanden, nur selten begegnet waren, sind unsere Schweizer Nachbarn. Mit diesem Land verbindet man gedanklich überwiegend alpine Bergregionen und weniger den Wassersport, obwohl es ja auch einige schöne Seen vorzuweisen hat. Aber als Binnenstaat hat sich die Schweiz natürlich nie einen maritimen Namen gemacht.

Auf unserer Fahrt durch Frankreich hatten wir die Saône erreicht und schon im ersten Hafen, der eine Charterbasis beheimatete, fiel uns auf, dass dort auf etlichen Schiffen eine Schweizer Flagge wehte. Je länger wir in diesem Revier unterwegs waren, desto mehr Schweizer trafen wir. In den Gesprächen die abends in den Häfen geführt wurden, erfuhren wir, dass die Saône und die angrenzenden Kanäle ein sehr beliebtes Chartergebiet für die Schweizer war, weil es ja praktisch unmittelbar vor ihrer Haustür lag und neben einer schönen Landschaft auch eine sehr gute Küche und herrliche Weine zu bieten hatte. Die Schweizer, die wir so kennenlernten, schienen keine Kostverächter zu sein und die entspannte, unaufgeregte Art eines Bootsurlaubs schien ihrem Temperament entgegenzukommen. Insgesamt hatten wir den Eindruck, dass sie auch sehr nationalbewusst waren, denn kaum ein Charterschiff mit Schweizer Besatzung, auf dem nicht mindestens eine Schweizer Flagge gehisst war.

Ein besonderes Erlebnis bescherte uns die Ankunft einer ganzen Flotte mit Schweizer Freizeitkapitänen im Hafen Saône Plaisance, in der Nähe von Seveux. Ein Konvoi von sieben Booten näherte sich zielstrebig dem kleinen Hafen, alle mit etlichen Schweizer Flaggen in allen möglichen Größen dekoriert. Besonderes Dekorationsgeschick hatte der Skipper des vorletzten Bootes bewiesen. Unmittelbar vor seinem Fahrstand hatte er eine Flagge von ca. 1,50 x 2,0m an einer Stange montiert, die in einem Sonnenschirmständer steckte.

Ein Schiff nach dem anderen suchte sich einen Platz und legte dort an. Dabei konnte man schon erahnen, dass einige der Freizeitkapitäne wohl noch nicht sehr viel Erfahrung im Umgang mit Booten hatten. Schließlich lagen die ersten fünf Boote jedoch ohne Schäden am Steg, als der Skipper mit der Riesenflagge einen Liegeplatz ansteuerte. Und es kam was kommen musste! Eine Windbö erfasste seine Flagge und ließ sie in voller Größe majestätisch vor ihm flattern. Ein schöner Anblick; nur konnte er nun nichts mehr sehen. Seine Landsleute sahen das Malheur und brüllten ihm zu, er solle rückwärts fahren, weil er sonst gleich auf den Steg auf brummen würde. Folgsam gab er Gas rückwärts. Nur ein bisschen zu viel. Der Bootsführer hinter ihm bekam es mit der Angst zu tun und betätigte heftigst sein Signalhorn. Nun hatte der Flaggenfan wohl die Nase voll. Er packte seine Sonnenschirmflaggenmastkonstruktion, doch als er sie zur Seite zerrte, um wieder Sicht nach vorne zu bekommen, machte sie sich selbstständig und rutschte langsam aber unaufhaltsam über das Deck und klatschte ins Wasser. Die stolze Flagge breite sich noch kurz auf der Wasseroberfläche aus und versank dann in den brauntrüben Fluten des Kanals.

Flaggenfülle

Mit dem maritimen Leben sind Flaggen und Wimpel untrennbar verbunden. Kein Boot auf dem der Freizeitkapitän nicht wenigstens seine Nationalflagge im Heck zeigt. Meist schmücken auch noch ein Clubstander und der ein oder andere Wimpel das stolze Schiff. Wie und wo Flaggen, Wimpel und Stander anzubringen sind, dafür gibt es feste Regeln und Gebräuche. In Deutschland sind die Bestimmungen für See- und Berufsschiffe im Flaggenrechtsgesetz festgelegt. Auch wenn diese Bestimmungen nicht direkt für die Freizeitschifffahrt gelten, haben sich doch auch für diesen Bereich Regeln und Gebräuche durchgesetzt, die zu beachten sind. Eine besondere Stellung nimmt die Nationalflagge ein. Eine (auch gecharterte) Yacht führt in allen Ländern die Nationalflagge ihres Eigners. Ihr wird in allen Staaten eine besondere Ehrerbietung entgegengebracht. Im Ausland ist in der Steuerbordsaling die Flagge des Gastlandes zu führen. Viele Länder reagieren außerordentlich empfindlich, wenn es der Gast an erwartetem Respekt und Aufmerksamkeit fehlen lässt.

Wir lagen mit unserer *Josephine* im Heeger Meer, in den Niederlanden, in dem Naturhafen der kleinen Insel Langehoekspolle und freuten uns, dass wir ein schönes Wochenende vor uns hatten. Jetzt, zu Beginn der Sommersaison hatten wir auch noch problemlos einen Liegeplatz gefunden. In der Hochsaison war dies nicht selbstverständlich, denn das kleine idyllische Eiland war ein beliebtes Ausflugsziel für alle Wasserwanderer und wurde im Sommer insbesondere von vielen Charterschiffen angesteuert.

Auch heute waren schon etliche Charterschiffe unterwegs und am späten Nachmittag steuerte eine schmucke Motoryacht die Insel an. An ihrem Rumpf war schon von weitem die Reklame einer Charterfirma zu erkennen. Als der Skipper auf Zeit die Einfahrt zu dem kleinen Naturhafen passierte kommandierte er seine Frau mit nicht zu überhörenden Kommandos auf das Vorschiff und erteilte ihr lautstarke Anweisungen für das Anlegemanöver. Es war nicht zu überhören, dass es sich um einen deutschen Landsmann aus der Berliner Gegend handelte. Auf den Schiffen, die schon im Hafen lagen erweckte das Getöse die Aufmerksamkeit der Crews und neugierig schaute man zu, wie der ‚Berliner' sein Schiff an das Ufer bugsierte. Das klappte jedoch ganz gut und diejenigen, die ein Crashmanöver erwartet hatten, wurden enttäuscht. Einige Niederländer, die neben ihren Booten an Land am grillen waren und mit denen ich mich eben noch unterhalten hatte, schauten etwas näher zu dem Neuankömmling hin und schüttelten daraufhin missbilligend den Kopf. Warum verstand ich zunächst nicht. Als ich mit unserem Bordhund noch einen kleinen Landgang machte, dabei an dem Berliner vorbeikam und sein Charterschiff von hinten sah, wurde mir schnell klar, was den Unmut der Niederländer hervorgerufen hatte.

Am Flaggstock im Heck hatte er eine Fülle von Flaggen angebracht. Über der niederländischen Nationalflagge, die eigentlich als einzige hierhin gehört hätte, flatterte eine deutsche Nationalflagge und zu allem Überfluss hing darüber noch eine Berliner Stadtflagge.

Ich ging zu unserem Landsmann und fragte ganz vorsichtig: „ Na, das erste Mal hier in den Niederlanden mit dem Schiff unterwegs?"

„Ja, und wir sind ganz begeistert. Eine tolle Landschaft zum Bootfahren. Nur die Leute sind nicht sehr freundlich."

„ Das könnte vielleicht an Ihrer Flaggendekoration am Heck liegen. Die Niederländer achten schon auf Yachtgebräuche und sind nicht so begeistert wenn man ihrem kleinen Land nicht den üblichen Respekt entgegen bringt."

„Wieso, was ist denn gegen meine Flaggen einzuwenden? Die habe ich doch extra noch in so einem Zubehörladen gekauft, weil hier nur die niederländische Flagge an Bord war."

Ich erklärte ihm kurz, was an Flaggenführung üblich sei und gab ihm den Tipp: „Wenn Sie schon unbedingt Flagge für ihre Stadt zeigen wollen, dann können sie das allenfalls vorn am Bug machen. Am Heck oder im Mast ist dies nicht üblich. Und die deutsche Flagge über der Niederländischen, das geht gar nicht und ist eine deutliche Beleidigung des Gastlandes."

Das gefiel dem Berliner nun überhaupt nicht: „ Nö, ik bin een Berliner und det soll jeder wissen! Meene Flagge bleibt im Heck. Da vorne im Bug stört die mich nur beim Fahren."

Sprach's und drehte sich um. Die Niederländer, die unsere Unterhaltung mit Spannung verfolgt hatten, schüttelten den Kopf über so viel Arroganz und meinten: „ Hoffentlich sind nicht alle Berliner so. Auf solche Gäste können wir gerne verzichten." Der Hoffnung konnte ich mich nur anschließen und schämte mich für die Berliner Großschnauze.

Am nächsten Morgen staunte ich jedoch nicht schlecht. Im Heck des Charterschiffes flatterte nur noch die niederländische Nationalflagge! Hatte sich der Berliner eines Besseren besonnen? Der kam gerade an Deck und fluchte:" Wer hat meine Fahnen geklaut!?" Die hatte ich gerade entdeckt. Sie hingen ganz oben in der Spitze eines Baumes. Wer hatte sie wohl dahin gebracht? Wahrscheinlich der niederländische Klabautermann.

Der Fußballstar

In den Niederlanden gibt es für die Freizeitschifffahrt sehr schöne, idyllische Anlegeplätze mitten in
der Natur. Wir lagen an einem solchen Platz und waren in unsere Bücher vertieft, als sich ein weiteres
großes Boot diesem Anleger näherte. Schon von
weitem waren am Rumpf Namenszug und Adresse
einer Charterfirma zu erkennen. An Bord vier junge
Männer, von denen drei mit Leinen und Fendern bewaffnet etwas ratlos an der Reling standen. Offensichtlich hatten weder Sie, noch ihr Käpt'n sehr viel
Bootserfahrung, denn der versuchte ein Anlegemanöver mit Wind von achtern und wunderte sich, dass
sein Schiff am anvisierten Anlegeplatz erst einmal
vorbeischob. Der folgenden Unterhaltung konnten wir
nicht nur eine gewisse Ratlosigkeit entnehmen, sondern auch, dass es sich um Landsleute aus Deutschland handelte.

Ich legte mein Buch endgültig zur Seite und ging
zu dem Liegeplatz, den sich die Anfängercrew ausge-
sucht hatte und fragte, ob ich behilflich sein könne.
Mein Angebot wurde dankbar angenommen und mit
den notwendigen Erklärungen und Hinweisen schaffte
es der Käpt'n, das Schiff an den Anlegeplatz zu manövrieren und seine Crew lernte schnell, wie man es
sicher festmachte. Als Dankeschön wurde ich zu einem Willkommensbier eingeladen und im Gespräch
erfuhr ich, dass die vier jungen Männer Mitglieder
einer Fußballmannschaft waren, die die Meisterschaft
in ihrer Liga errungen hatte. Ein Mäzen des Vereins
hatte den vier Kickern als Belohnung eine einwöchige
„Kreuzfahrt" in Friesland geschenkt und die hatten sie
heute Morgen mit dem Charterschiff angetreten.

Zurück an Bord unserer *Josephine* gab ich mich
wieder der Lektüre meines Buches hin. Die Bordfrau
hatte in der Zwischenzeit einen kleinen Imbiss zube-

reitet und wir genossen die Stille und Natur pur um uns herum, als der Käpt'n und Mannschaftskapitän noch einmal zu uns herüber kam.

„ Darf ich noch mal stören, ich hätte da nämlich noch 'ne Frage. Meine Freunde und ich hatten uns ja eigentlich vorgestellt, dass es hier vielleicht so 'ne ordentliche Marina gäbe. So mit knackigen Bikinischönheiten und so. Gibt's hier sowas?"

„Naja, junger Mann, da muss ich sie enttäuschen. Friesland ist nicht Südfrankreich. So etwas wie St. Tropez werden sie hier vergeblich suchen. Hier ist alles sehr viel familiärer."

„Ja, gibt es hier denn nur Natur pur? Ist denn hier gar nichts los?"

„Doch, vielleicht in Lemmer. Da gibt es direkt an der Dorfkade eine Disco."

Ich zeigte den Fußballern in der Gewässerkarte den Weg dorthin und sie beschlossen, am nächsten Tag dort ihr Glück zu versuchen. Im Stillen fragte ich mich, ob der Mäzen den Vieren mit seinem großzügigen Geschenk wirklich einen Gefallen getan hatte? Oder wollte er den Jungs doch eher mal ein bisschen Ruhe und Erholung gönnen, damit sie Kraft für die nächste Saison tanken konnten?

Kaffeeflirt

Vor der Abreise zu einem längeren Urlaubstrip hatten wir unsere *Josephine* aufgeklart, sie außen und innen geputzt und nun lag sie startklar auf ihrem Liegeplatz. Sie musste nur noch aufgetankt werden. Da in unserem Hafen mal ausnahmsweise Windstille herrschte, verlegten wir zur Tankstelle am anderen Ende des Hafens. Da auch für den Außenborder unseres Beibootes kein Sprit mehr an Bord war, übergab ich dem Tankwart einen Kanister und bat ihn, diesen mit dem entsprechenden Zweitaktergemisch zu füllen. Währenddessen ging ich schon mal in das Büro der Tankstelle, um dort zu bezahlen. Der Tankwart kam kurz darauf hinter mir zu dem Büro und meinte, dass er alles erledigt habe. Er erhielt ein kleines Trinkgeld und wir verlegten wieder auf unseren angestammten Liegeplatz.

Dort angekommen ließ ich das Beiboot zu Wasser, um eine kleine Hafenrundfahrt zu machen. Zuvor musste noch der eingebaute Tank des Außenborders mit dem eben an der Tankstelle geholten Gemisch befüllt werden. Ich hatte gerade angefangen, den Inhalt des Kanisters in den Tank zu kippen, als mich ein eigenartiger Geruch irritierte. Es stank nach Diesel! Obwohl ich mein Tankmanöver sofort abbrach, war schon einiger Diesel in den Tank des kleinen Motors geflossen. Wat nu???

Erwartungsgemäß verliefen meine Startversuche ergebnislos. Mit Diesel war der kleine Motor nicht zum Leben zu erwecken. Ich marschierte zur Tankstelle, um mir Rat zu holen und natürlich auch um den Tankwart wegen seines Fehlers zur Rechenschaft zu ziehen. Der hatte sich jedoch der Verantwortung für seinen Fehler durch Flucht in die Mittagspause entzogen. Sein Kollege aus der Werkstatt meinte, dass man das Missgeschick nur dadurch heilen könne, dass man den Tank entleeren und alle Leitungen und den Vergaser gründlich reinigen und spülen müsse. Wenn ich den Außenborder gleich vorbeibrächte, würde er das noch heute Nachmittag machen können. Na das war ja ein nettes Angebot und dem rechtzeitigen Beginn des Urlaubstörn stünde dann nichts mehr im Wege.

Zurück bei *Josephine* erklärte ich meiner Frau die Lage und konnte ihre berechtigte Frage, welches Loch diese Maßnahme in unsere Urlaubskasse reißen würde, zufriedenstellend damit beantworten, dass die Kosten zu Lasten der Tankstelle gehen würden.

Mit demontiertem Motor machte ich mich wieder zu Fuß auf zu der Werkstatt. Da er ziemlich schwer war, setzte ich ihn immer mal wieder ab und kurz bevor ich das Ende des Stegs erreichte, passierte es! Der Motor rutschte zur Seite und bevor ich ihn richtig zu fassen bekam, fiel er mit lautem klatschen im Wasser. Ich balancierte noch kurz auf einem Fuß auf der Stegkante, kippte zur Seite und landete neben meinem Motor im Hafenbecken, das hier nur noch gut einen Meter tief war.

„So ein Mist!!" war noch der harmloseste Fluch, den ich von mir gab. Mein Gefluche und der Lärm, den ich bei meiner Notwasserung verursacht hatte, waren nicht zu überhören und hatten die Aufmerksamkeit einer Frau meines Alters geweckt, die sich auf einem Boot direkt neben meiner Absturzstelle sonnte. Sie beugte sich zu mir herunter und fragte, ob sie mir helfen könne. Dabei gewährte sie mir einen reizvollen Einblick in ihr Bikinioberteil, das einen strammen Busen bedeckte. Na, meine Lebensgeister hatten also keinen Schaden genommen, die männlichen Reflexe funktionierten noch einwandfrei.

Ich nahm ihr Hilfsangebot gerne an und nachdem wir gemeinsam den Motor aus dem Wasser geborgen hatten, meinte sie, ich müsse mich erst einmal gründlich abtrocknen und eine gute, heiße Tasse Kaffee würde mir bestimmt auch gut tun. Sie verschwand unter Deck ihres Bootes und kam rasch mit einem Badehandtuch und einer Thermoskanne wieder an Deck.

Beim Kaffeetrinken erzählte sie mir, das sie allein an Bord sei, weil ihr Partner wegen geschäftlicher Verpflichtungen dringend nach Hause gemusst hätte. Nun war ihr langweilig, denn allein mit dem Boot fahren könne sie nicht, weil sie davon keine Ahnung habe. Wenn ja nun mein Motor nicht funktionieren würde, hätte ich ja vielleicht Zeit und Lust mit ihr ein wenig durch die Gegend zu fahren. Nicht nur meine hilfreiche Gastgeberin war attraktiv, auch ihr Angebot. Leider musste ich sie enttäuschen. Mit freundlichen Worten machte ich ihr klar, dass sie zwar sehr charmant sei, ich aber das reizvolle Angebot nicht wahrnehmen wolle. Schließlich war ich glücklich verheiratet und meine Bord- und Ehefrau war mindestens genauso attraktiv und charmant.

Mit einem aufrichtigen Dankeschön für Kaffee und alles andere verabschiedete ich mich und wünschte ihr noch ein paar erholsame Tage (auch ohne Mann).

Jazz in Navytown

Nachdem wir endlich den Hafen von Texel verlassen konnten, in dem uns ein heftiger Sturm tagelang festgehalten hatte, sollte es nur einen kurzen Schlag hinüber nach Den Helder gehen. Gerade mal knappe 6 Seemeilen; das sollte in einer Stunde zu schaffen sein. Das Meer war heute spiegelglatt, nachdem in den letzten Tagen Schaumkronen die Wellenkämme geziert hatten. Auch die Sonne hatte sich endlich wieder hinter den Wolkenbergen hervorgewagt. Dennoch war es ziemlich kühl.

Wir hatten ungefähr die Hälfte unserer Strecke zurückgelegt, als uns einige Fischkutter entgegenkamen, die ihre nahrhafte Fracht wohl in Den Helder gelöscht hatten und nun sehr zügig ihrem Heimathafen entgegen strebten. Sie zogen dabei eine mächtige Heckwelle hinter sich her, die schon von weitem zu sehen war. Ich warnte meine Frau: „Pass auf, wenn wir die passieren, wird es sehr schaukelig! Geh noch mal unter Deck und guck nach, ob da nichts durch die Gegend fliegen kann." Sie kam wieder an Deck und meinte, dass alles gut gesichert war. Wie erwartet hoben uns die Heckwellen wie in einer Achterbahn an und ließen uns dann in das Wellental hinab fahren. Dabei tauchte unsere Bugspitze tief ein und einiges an Wasser rauschte über das Vorschiff und die Gangborde unserer *Josephine* hinweg.

Nachdem wir den letzten Kutter passiert hatten, trieb mich ein dringendes Bedürfnis auf die Bordtoilette. Ich öffnete die Tür und mich traf fast der Schlag! Der Fußboden stand zentimeterhoch unter Wasser! Wir hatten zwar daran gedacht alle losen Gegenstände unter Deck sicher zu verstauen, aber an das offene Bullauge in der Toilette hatte keiner gedacht und da war reichlich Seewasser hineingekommen. Noch bevor wir den Hafen in Den Helder erreichten, machten wir uns daran den Toilettenraum zumindest grob trocken zu legen. Um das Wasser, das durch Fußbodenritzen in die Bilge gelaufen war, würden wir uns dann im Hafen kümmern müssen. Der Tag hatte so schön begonnen und nun dieses Malheur.

In Den Helder fanden wir einen guten Liegeplatz und während ich mich daran machte *Josephine* trocken zu legen, übernahm meine Frau den Bordhund zu einem ersten Landgang.

Ich war mit der Sklavenarbeit gerade fertig und gönnte mir ein wohlverdientes Bier auf dem Achterdeck, als die beiden zurückkamen. „ Stell Dir vor, was es hier am Wochenende gibt! Ein Jazzfestival, ‚Jazz in Navytown‘, das ist doch was für Dich. In der Fußgängerzone und auf etlichen Plätzen in der Stadt sind schon Freilichtbühnen aufgebaut und das Programm liest sich vielversprechend." ‚berichtete sie voller Begeisterung. Unser Zeitplan war recht großzügig bemessen und so planten wir für die nächsten zwei Tage einen jazzigen Aufenthalt in Den Helder ein, obwohl die Hauptstadt der niederländischen Marine ansonsten nicht sonderlich attraktiv war.

Ach, Petrus meinte es in diesem Urlaub nicht gut mit uns. Am nächsten Tag war die Sonne wieder hinter dicken Wolken verschwunden und dafür pfiff ein eiskalter Wind durch die Straßen der Stadt. Egal, das Jazzfestival lockte.

Vor das Vergnügen hatten die Götter jedoch mal wieder das Einkaufen gesetzt. Doch heute war selbst das keine lästige Pflicht. Auf unserem Weg zu dem Supermarkt am Ende der Fußgängerzone stießen wir auf eine erste Jazzband, die den gleichen Weg hatte und begleitet von herrlichem New Orleans Jazz marschierten wir hinter Band her. Die Begeisterung war total, als wir aus dem Supermarkt herauskamen. Die Band hatte anscheinend auf uns gewartet und begleite uns nun wieder in Richtung Hafen zurück. Super, das war ein Auftakt nach unserem Geschmack! Nur das usselige und nasskalte Wetter passte nicht so recht zum Jazz in Navytown. Aber ein echter Sailor lässt sich davon nicht wirklich beeindrucken und so ging es nach einem kleinen Mittagsimbiss wieder in die Stadt. Auf den Freilichtbühnen bemühten sich Jazzbands aller Stilrichtungen, ihr Publikum für sich zu erwärmen; bei der lausigen Kälte ein mühseliges Unterfangen. Die Wirte der zahlreichen Kneipen hatten Sonnenschirme gegen den Regen aufgespannt und mit Heizpilzen versuchten sie, für ein kuscheliges Klima zu sorgen. Das half zwar, aber die rechte Stimmung wollte nicht aufkommen. Wir waren von einer Band mit einer Sängerin, die eine schön rauchige, rockige Stimme hatte, begeistert. Unter dem Sonnen (Regen-)schirm saßen wir halbwegs trocken und ein Heizpilz wärmte uns von oben. Der Wirt hatte flexibel und schnell reagiert und bot, dem Wetter angemessen, mitten im Sommer einen steifen Grog an. Damit ließ sich das ungemütliche Wetter ertragen und der tolle Jazz tat ein Übriges. Voller Begeisterung bewegten wir uns im Takt der Musik mit unseren Oberkörpern hin und her und brachten unser unterkühltes Blut ein wenig in Wallung. Doch irgendwann half auch kein Grog mehr; die Kälte kroch an uns hoch und auch die Band beendete mit einem temperamentvollen letzten Song ihren Auftritt.

Jazz in Navytown – Schön, aber kalt!

Langes Wochenende

Das lange Pfingstwochenende stand vor der Tür und die ganze Familie, Skipper Hanjo, Bord- und Ehefrau Heide, Tochter Nadine und Bordhund Tobby freuten sich auf einen schönen Törn. Nach langer Diskussion hatte der Familienrat, für den der Skipper qua souveräner Willkür festgelegt hatte, dass er die absolute Mehrheit besitzt, beschlossen, vom Heimathafen Norddeich durch das Wattenmeer nach Baltrum zu schippern.

Die Pfingsttage lagen Ende Mai und da rechnete die Crew schon mit passablem Wetter, zumal es die Tage vorher richtig warm geworden war. Die Gezeiten passten auch und so ging es Freitagmittag los. Die große Fähre von Norddeich nach Norderney sorgte anfangs für einigen Wellengang, aber nachdem der überstanden war, ohne dass an Bord der kleinen *Josephine*, die wir damals besaßen, jemand seekrank geworden war, erreichten wir bald das Wattfahrwasser und am späten Nachmittag liefen wir in den Inselhafen von Baltrum ein. Dort fanden wir einen Liegeplatz neben einem Motorsegler aus Bremen und machten fest.

Auf einem Landgang mit unserem Hund gewannen wir einen ersten flüchtigen Eindruck von der Insel und kamen zu dem einhelligen Schluss, dass die Entscheidung, hier ein langes Wochenende zu verbringen wohl sehr gut war. Am nächsten Tag wollten wir einen ausgedehnten Spaziergang zur Ostspitze der Insel unternehmen und uns auf dem Rückweg das Inseldorf ansehen.

Am folgenden Morgen war es gar nicht mehr so freundlich wie an den vergangenen Tagen, und die Sonne hatte sich hinter einem durch und durch grauen Himmel versteckt. Unsere Tochter meldete gewisse Bedenken gegen einen langen Spaziergang an, weil sie fürchtete, dass es bald regnen könnte. „Ach was; du bist nur zu faul zum Laufen.", meinte der Skipper, der mit einem ungeduldig an der Leine zerrenden Hund schon auf dem Steg wartete. „Nö, eigentlich nicht, aber ich habe keine Lust nass zu werden." „Ach, erstens glaube ich nicht, dass es regnet und zweitens bist du nicht aus Zucker.", beendete der Vater die kurze Diskussion.

Wir machten uns auf den Weg, der sehr gut ausgeschildert war, und wanderten zunächst entlang des Wattenmeers und genossen die frische Luft. Weiter ging es durch die Dünenlandschaft mit ihren Sanddornbüschen. Hin und wieder begegnete uns ein Pferdefuhrwerk, dem allgegenwärtigen Transportmittel der Insel. Wir erklommen eine Aussichtsdüne und hatten einen prächtigen Rundumblick über die Insel und das Wattenmeer. Die tiefhängenden Wolken schienen hier zum Greifen nah. Schließlich erreichten wir die Ostspitze. Leider gab es dort keine Möglichkeit für eine kurze Rast mit einem Imbiss gegen den kleinen Hunger. Dafür fing es jetzt an zu regnen! Erst nur ein paar Tropfen, aber dann wurde der Regen immer heftiger. Unsere Wetterjacken hielten uns zwar obenrum halbwegs trocken, unsere Jeans waren jedoch in kürzester Zeit klatschnass. „Hab ich ja gleich gesagt", kommentierte unsere Tochter die feuchte und gar nicht fröhliche Situation. Der Himmel sah zu allem Überfluss so aus, als ob dieses Schietwetter noch länger anhalten würde. Missmutig machten wir uns auf den Heim weg durch die Dünenlandschaft, die wir jetzt gar nicht mehr so toll fanden, weil es nirgendwo eine Möglichkeit gab, sich unterzustellen.

Völlig durchnässt erreichten wir das Inseldorf, wo uns ein Wegweiser mit Hinweisschildern auf diverse Lokale und Cafés empfing. Jetzt eine schön warme Gaststube und einen leckeren Ostfriesentee, das wäre genau das Richtige. Meine Frau war allerdings etwas skeptisch, ob man uns mit triefenden Hosen und einem klatschnassen Hund überhaupt in ein Lokal hinein lassen würde. „Ach, die Ostfriesen sind sehr gastfreundlich und haben bestimmt Verständnis, wenn man von den Unbillen ihres Wetters erwischt wird.", wischte ich ihre Bedenken beiseite und steuerte das Café Kluntje an.

Uns erwartete eine unheimlich kuschelige, gemütliche Gaststube und die Bedienung verwies uns nicht etwa dieses Paradieses, sondern hatte ehrliches Mitleid mit uns. Zwei Kännchen goldgelben Ostfriesen Tee und eine heiße Schokolade für die Tochter ließen uns wieder aufleben. Wunderbare Torten sorgten für ein Rundum-Wohlgefühl und wir hatten gar keine Lust diesen gastlichen Ort wieder zu verlassen, zumal es immer noch schüttete und unsere Jeans bei weitem noch nicht trocken waren. Aber irgendwann überwanden wir uns und legten die letzten Meter bis zum Hafen zurück.

Auf unserem Schiff war es ziemlich usselig, denn eine Heizung hatten wir nicht an Bord. Dafür aber wenigstens trockene Klamotten zum Wechseln. Die nassen Sachen hängten wir an die Decke und hofften, dass sie irgendwann trocknen würden. Unsere Tochter machte den guten Vorschlag den Rest des Abends mit Kartenspielen zu verbringen und so saßen wir um den Tisch in der kleinen Kajüte und spielten Canasta bis es Zeit zum Schlafen gehen war.

Am nächsten Morgen hatte der Regen aufgehört, aber Petrus hielt die nächste Überraschung für uns bereit. Es stürmte heftig und unser Bötchen tanzte selbst im geschützten Hafen noch vor sich hin. Zusätzliche Leinen sorgten zwar dafür, dass es sich nicht losreißen konnte, die für heute geplante Rückfahrt nach Norddeich würde aber wohl nicht möglich sein. Unser Nachbar von dem Bremer Motorsegler erzählte uns, dass er im Seewetterbericht auf UKW-

Funk gehört hatte, dass draußen ein Sturm mit Windstärke 7-8 mit Böen bis zu 10 über die Deutsche Bucht hinweg toben würde. Viel zu gefährlich, um da raus zu fahren. Er würde auch bis Morgen warten, da solle sich der Sturm gelegt haben und sogar die Sonne wieder scheinen. Als er unsere immer noch feuchten Klamotten unter Deck von der Decke baumeln sah, bot er uns freundlicherweise an, dass wir sie zu ihm hinüberbringen könnten und auf seinem Schiff, das eine Heizung hatte, trocknen könnten.

In der Nacht schien sich der Sturm etwas gelegt zu haben, aber am nächsten Morgen frischte er wieder auf. Wenn auch nicht so heftig wie tags zuvor. Ein Segler verließ voller Optimismus den Baltrumer Hafen in Richtung Norddeich und kam nach einer halben Stunde zurück. Durch den Sturm hatte sich eine ordentliche Welle aufgebaut und es war immer noch zu riskant die Überfahrt zu wagen. Jetzt hatte ich ein Problem. Eigentlich musste ich morgen früh im Büro sein, aber das war bei diesen Witterungsbedingungen nicht möglich. Da würde ich morgen früh meinen Chef anrufen und ihn um einen Tag Urlaub bitten müssen. Meine Frau hatte als freiberufliche Vollzeitmutter keine Termine und unsere Tochter noch einen Ferientag.

Der Tag verging mit Spazierengehen, Teetrinken im Café Kluntje und Karten spielen. Abends legte sich der Wind fast völlig und wir hofften, dass sich über Nacht auch das Meer beruhigen würde.

Tatsächlich strahlte heute die Sonne von einem fast wolkenlosen Himmel. Nur ein paar wenige weiße Wolken, die wie Wattebäusche aussahen, waren über das Firmament verstreut. Der Wellengang hatte auch deutlich nachgelassen und so entschlossen wir uns, zusammen mit einem Segelschiff am Vormittag loszufahren. Es war zwar noch ein bisschen kabbelig, aber weitaus weniger schlimm als befürchtet. Im Wattfahrwasser südlich Norderney staunten wir dann nicht schlecht, als dort in der Fahrrinne ein Küstenmotor-schiff (Kümo) vor Anker lag. Die Besatzung hatte wohl hier vor dem Sturm Schutz gesucht und diesen siche-ren Ort noch nicht wieder verlassen. Da wir fast noch Niedrigwasser hatten, mussten wir uns ziemlich in der Mitte der Fahrrinne halten und da lag nun das Kümo. Der Segler, mit deutlich mehr Tiefgang als wir, ging auch vor Anker, um auf Hochwasser zu warten, denn es war ihm zu riskant den Frachter außerhalb des Fahrwassers zu passieren. Mit deutlich geringerem Tiefgang als der Segler entschlossen wir uns aber nach kurzer Überlegung, es zu versuchen. Fast auf Tuchfühlung mit dem Berufsschiff und sehr langsam schlichen wir uns an ihm vorbei und schafften es auch ohne aufzusetzen an ihm vorbei zu kommen.. Dann noch durch das Norderneyer Seegat, wo es noch einmal etwas ungemütlich wurde und wir erreichten, wenn auch mit einem Tag Verspätung, wohlbehalten unseren Heimathafen.

Mein Chef begrüßte mich am nächsten Tag im Büro wie einen Schiffbrüchigen, der gerade noch ein-mal mit dem Leben davongekommen war und nahm mir das Versprechen ab, meine Törns künftig zeitlich nicht zu knapp zu planen.

Ja, im Prinzip schon, aber „mit des Wetters Mäch-ten ist nun mal kein ew'ger Bund zu flechten!"

Brückenshow

Brücken sind Bauwerke mit einem hohen Unterhaltungswert..... zumindest in den Niederlanden. Die schönen, meist weiß gepönten (hochdeutsch: angestrichenen) Ziehbrücken spannen sich über die unzähligen Kanäle und kleinen Flüsschen und sind ein pittoreskes Wahrzeichen der Niederlande. Die Gefühle der Freizeitschiffer sind jedoch etwas zwiespältig beim Anblick dieser Kleinode. Einerseits lassen sie sich auch von dem hübschen Anblick gefangen nehmen, andererseits müssen die Brücken erst geöffnet werden, bevor man sie passieren kann und dann ist die Durchfahrt meist noch ziemlich eng. Während der Skipper sein Schiff durch die geöffnete Brücke steuert, kassiert auf einigen Gewässern in Friesland der Brückenwärter mit einem an einer Angel hängenden Holzschuh den Brückenzoll, den ein Crewmitglied dort hinein legen muss. Ist der Skipper zu schnell, muss der „Zahlmeister" den Holzschuh festhalten und mit ihm auf dem Schiff mitlaufen. Ist der „Zahlmeister" zu ungeschickt, baumelt der Holzschuh an ihm vorbei und der Skipper muss in der schmalen Durchfahrt aufstoppen. Bisweilen landen die Münzen im Wasser und dann bricht an Bord Hektik aus, weil dieser Fall nicht vorgesehen war und man nun schnell neue Münzen zusammensammeln muss.

Eine Brücke mit besonders hohem Unterhaltungswert ist die ‚Hellingbrêge' in Woudsend/Friesland. Sie überspannt das Gewässer „De Ee". Dieser kleine Wasserweg ist eine von vielen Freizeitschiffern genutzte Verbindung zwischen den zahlreichen friesischen Seen und dem Ijsselmeer. Die Straße, die über die Brücke führt, ist die Route für eine Buslinie, die Vorrang vor dem Schiffsverkehr hat. Das hat zur Folge, dass der Brückenwärter seine Brücke immer wieder schließen muss, wenn ein Bus naht. Auf dem Wasser entsteht dann ein Stau wie zur Hauptverkehrszeit auf einer überlasteten Autobahn.

Was dann dort so passiert, kann man wunderbar von der Terrasse des „**Restaurant Grand Café DE WATERSPORT**" beobachten, die direkt neben der Brücke unmittelbar am Ufer der „Ee" gelegen ist. In gemütlichen Sitzmöbeln kann man entspannt zuschauen, wie mehr oder weniger erfahrene Freizeitkapitäne mit ihren Schiffen auf dem engen Gewässer vor der Brücke warten. Anlegen ist kaum möglich, da die wenigen Plätze an der Kaimauer meist belegt sind.

Bei Windstille ist das Warten auf die nächste Brückenöffnung kein allzu großes Problem, aber wenn der Wind etwas heftiger weht, was in Friesland häufiger der Fallist, schiebt er die Schiffe gegen den Willen der Skipper voran oder auch seitwärts auf das Ufer zu. Dann kommt an Bord regelmäßig Hektik auf, Fender werden vorsichtshalber schützend vor die Bordwand gehängt und die Crew gibt dem Käpt'n lautstark jede Menge gute Ratschläge. Dennoch kommt es bisweilen zu Berührungen mit anderen Booten. Solche Crashmanöver werden meist von heftigen Flüchen und Beschimpfungen der eigenen Crew und/oder des anderen Skippers begleitet. Vorbei ist es mit der entspannten Atmosphäre der Freizeitschifffahrt. Die Beobachter im Café „De Watersport" verfolgen diese Szenen mit großem Vergnügen und freuen sich über die temperamentvolle Unterhaltung, die sie häufig noch mit ‚guten' Ratschlägen kommentieren.

An einem herrlichen Sommertag gönnten wir uns dort mal wieder eine Kaffeepause. Neben uns saß eine Großfamilie und amüsierte sich ebenfalls über die Brückenshow, die an diesem Nachmittag geboten wurde. Schließlich gab das Familienoberhaupt das Zeichen zum Aufbruch und die ganze Gruppe, immerhin sechs Erwachsene und acht Jugendliche, begaben sich auf ein recht großes Schiff, die *Monika*, das vor dem Restaurant an der Kaimauer lag. Gespannt warteten nicht nur wir darauf, wie dieser Skipper von seinem Liegeplatz wegkommen wollte. Das würde schwer werden, denn direkt hinter ihm hatte ein Segler festgemacht und ihm nur sehr wenig Raum zum Rückwärtssetzen gelassen. Nach vorn hatte er auch keinen Platz, denn mit dem Bug lag er schon ein Stück unter dem Teil der Brücke, der nicht angehoben werden konnte. Zu allem Überfluss standen an seiner Backbordseite massive Pfähle mit dicken Querstreben im Wasser. Die komplette Mannschaft stand auf der Steuerbordseite und dadurch hatte das Schiff ein wenig Schlagseite, was das Manövrieren zusätzlich erschwerte. Nach mehreren Fehlversuchen, mit denen er kaum ein paar Zentimeter von der Kaimauer weggekommen war, erbarmten sich etliche Gäste des Kaffees und schoben ihn mit dem Heck voran von dem Anlegeplatz. Die Brücke war gerade geöffnet und der Skipper, froh sein Schiff wieder mit Motorkraft bewegen zu können, wurde nun übermütig. Kaum war er an dem letzten Pfahl vorbei lenkte er sein Schiff in Richtung Brücke. Das war allerdings zu früh. Mit dem Heck blieb er an dem Pfahl hängen und konnte nun die physikalischen Gesetze von Dreh- und Angelpunkt studieren. Sein Schiff schob sich langsam und unaufhaltsam quer vor die Brückendurchfahrt. Nun ging nichts mehr! Der Brückenwärter kam aus seinem Häuschen, beschimpfte den Skipper und seine Crew und wies ihn an, so schnell wie möglich die Durchfahrt frei zu machen. Das war leichter gesagt als getan, denn der Wind drückte das Schiff an die Brückenpfeiler. Die Crew versuchte es mit Bootshaken abzudrücken und wieder flott zu bekommen. Vergeblich! Am Rumpf waren schon etliche Schrammen entstanden und der Skipper machte einen so verzweifelten Eindruck, dass wir schon befürchteten, er würde gleich ins Wasser springen; bei 1,70 m Wassertiefe wäre die Gefahr des Ertrinkens jedoch gering gewesen. Doch Rettung nahte! Unter den im Stau stehenden Schiffen war auch ein alter Hafenschlepper, der sich nun nach vorne schob und langsam an den Havaristen heranfuhr. Kurze Diskussion, dann wurde eine Schleppleine übergeben und der Schlepper zog *Monika* von der Brücke weg auf die offene Wasserfläche. Dröhnender Applaus von den Gästen im Café „De Watersport". Verlegen grinsend grüßte der Crashpilot und winkte uns einen letzten Gruß zu bevor er in Richtung Slotermeer verschwand.

Doch damit nicht genug der heutigen Unterhaltung. Bevor die Brücke wieder geschlossen wurde, näherte sich auf der „Ee" ein historisches Frachtboot. An Bord eine Gruppe von Männern in friesischer Tracht. Schon vor dem Passieren der Brücke stellten sie sich im Bug auf. Wir waren gespannt, was das zu bedeuten hatte. Kaum hatte das Boot die Brücke passiert, stoppte der Kapitän sein Boot und die Männer fingen an zu singen und brachten den Gästen im „De Watersport" ein kleines Ständchen mit klassischen Shanties. The show was going on! Auch das war wieder einen Applaus wert.

Leider gab es dann heute keine weiteren Showeinlagen mehr. Aber wir kommen wieder! Keine Frage.

Kreiselkompass

Wir wollten mit unseren Freunden einen gemeinsamen Urlaubstörn rund um das Ijsselmeer machen. Da es mit zwei Familien auf einem Boot recht eng geworden wäre, hatten wir eine Motoryacht gechartert und unsere Freunde nutzten ihr eigenes Schiff. Unser Charterschiff war sehr gut ausgestattet und hatte gem. Prospekt auch alle erforderlichen Navigationsgeräte an Bord, um eine sichere Fahrt auf dem Ijsselmeer zu ermöglichen. In der Realität stellte sich dann aber heraus, dass auf dem nagelneuen Schiff noch nicht alles installiert war. U.a. war der vorgesehene Kompass nicht geliefert worden. Als Ersatz gab uns der Vercharterer einen kleinen Handpeilkompass mit. Er meinte auch, wenn wir mir zwei Schiffen führen und das Schiff unserer Freunde einen festinstallierten Kompass hätte, könnten wir beruhigt über das Ijsselmeer fahren. Das würde schon klappen.

Das Schiff unserer Freunde war tatsächlich gut ausgestattet, nur hatte der Skipper bisher sehr wenig Erfahrung und die richtige Nutzung seiner reichhaltigen technischen Ausstattung erschien ihm sehr kompliziert. Obwohl ich mit ihm ein wenig den Umgang mit Karte und Kompass geübt hatte, hatte er schon vor dem Ablegen festgelegt, dass er immer schön hinter uns herfahren wolle, um etwas mehr Sicherheit im Umgang mit seinem Boot zu bekommen. Vor unserem ersten Etmal von Lemmer nach Enkhuizen musste er den Kurs, unter Berücksichtigung der Tonnen, die unterwegs zu passieren waren, in seiner Karte einzeichnen und berechnen.

Wir hatten Lemmer kaum verlassen, als mein Freund aus unserem Kielwasser ausscherte, sich neben uns schob und zu uns herüber brüllte (Funkgeräte hatten wir leider keine): „Wo willst Du denn hin? Du hast einen völlig falschen Kurs anliegen!" Das konnte ich mir zwar nicht vorstellen, aber nun gut, wenn er das meinte. „ Dann fahr Du doch vor, wenn Du Dir sicher bist."

Achim gab Gas und setzte sich vor uns. Ein Blick in die Karte und eine grobe Peilung mit dem Kompass bestätigte meine Befürchtung; wenn wir den Kurs beibehalten würden, kämen wir wohl kaum in Enkhuizen an, schon eher in Medemblick. Achim hielt treu seinen Kurs, wunderte sich aber nach einiger Zeit, dass die Tonne, die wir jetzt eigentlich erreichen mussten, nirgendwo zu sehen war. Ich gab ihm den heißen Tipp, mal sein GPS nach der aktuellen Position zu befragen und den Punkt in der Karte zu suchen. Nach diesem Gebrülle von Bord zu Bord war ich schon ziemlich heiser und hoffte, dass er nun ohne weitere Diskussion unsere Position bestimmen konnte und wir wieder auf den richtigen Kurs kämen. Die Position hatte er schnell gefunden und steuerte sein Schiff nun hart nach backbord, fast auf Gegenkurs! Mit dem Kurs wären wir schließlich wahrscheinlich in Lelystad angekommen. Achim war aber felsenfest davon überzeugt, dass sein Kurs richtig sei. Was zeigte bloß sein Kompass an? Da stimmte doch was nicht.

Da wir keine Lust hatten noch weiter auf dem Ijsselmeer herum zu kreiseln, stellte sich meine Frau mit dem kleinen Peilkompass neben mich und versuchte, mich damit auf dem richtigen Kurs zu halten. Klappte recht gut, denn schon eine Viertelstunde später konnten wir die Silhouette von Enkhuizen am Horizont erkennen. Der Rest war ein Kinderspiel und wir erreichten bald den Compagnieshaven.

Nachdem wir unser Boote versorgt hatten, ging ich zu Achim hinüber. Ich wollte doch mal wissen, warum er uns mit seinem Kompass so in die Irre geführt hatte. Oder war da der Klabautermann im Spiel? Zunächst konnte ich nichts finden, was die Ursache für die Fehlanzeigen war. Erst als ich mir den Sensor für seinen Fluxgate-Kompass anschaute, fand ich den Fehler. Er hing nur an einzigen Schraube, die noch nicht einmal richtig festgezogen war. Bei jeder Schiffsbewegung veränderte er seine Position und gab dann eine völlig falsche Richtung an. Kein Wunder, dass wir auf dem Ijsselmeer hin und her gekurvt waren. Achim war der felsenfesten Überzeugung, dass dies das Werk eines Klabautermanns sei, denn er wäre absolut unschuldig. Er hätte noch nicht einmal gewusst, dass er für seinen Kompass ein solches Teil haben müsse. Das glaubte ich ihm aufs Wort.

Nachdem wir den Sensor ordentlich befestigt hatten, war die Rückfahrt ein Erfolgserlebnis für Achim. Zielsicher lotste er uns über das Ijsselmeer und wir landeten punktgenau in Lemmer.

Teuer gespart

Wir hatten unsere zweite, natürlich auch gebrauchte *Josephine* mit aller Ausrüstung gekauft und dazu gehörte ein recht stabiler Faltanker. Der Vorbesitzer hatte uns erzählt, dass er damit recht oft im Wattenmeer vor Anker gelegen hätte und sich auch hin und wieder hatte trockenfallen lassen. Der Anker war unter einer Sitzbank verstaut und nicht sehr gut zugänglich. In dem Kursus für den Bootsführerschein hatte ich jedoch gelernt, dass der Anker jederzeit griffbereit sein müsse, um ihn im Notfall schnell ausbringen zu können.

Nun überlegten wir, wie und wo wir den Anker günstiger und vor allem schnell nutzbar unterbringen konnten. Natürlich half da ein Rundgang im Hafen, um zu sehen wie andere Skipper das Problem gelöst hatten. Wir sahen die vielfältigsten Möglichkeiten. Am häufigsten war der Anker direkt am Bug oder in einer speziellen Konstruktion an der Bugspitze montiert. Das kam für uns nicht in Frage, weil auf *Josephine* dort zu wenig Platz war und ich auch unsicher war, ob der hölzerne Rumpf eine sichere Montage zuließ. Schließlich entdeckten wir auf einem Boot, das ungefähr gleichgroß war, eine Lösung, die für uns in Frage kam. Der Eigner hatte an der Bugreling einen metallenen Köcher aus Niro fest verschraubt und die aufgeschossene Ankerleine an der Reling festgebunden. So etwas müsste auch auf unserer *Josephine* möglich sein.

Auf der Bootsmesse in Düsseldorf suchten wir nach solch einem Metallköcher und wurden bald fündig. Als wir uns nach dem Preis für dies Teil erkundigten, traf uns jedoch beinah der Schlag! Rund 170,- € sollte der hochglanzpolierte Köcher kosten! Der Verkäufer versuchte uns noch mit dem Argument, dass alle erforderlichen Schrauben und Schellen inklusive seien, zum Kauf zu überzeugen. Diese Anschaffung hätte jedoch unseren Etat für Ausrüstung vollständig aufgefressen und ein paar neue Leinen brauchten wir auch noch. Also Finger davon; ich hatte im Stillen sowieso gedacht, dass ich bei diesem Preis gleich eine Teilhaberschaft an der Firma erworben hätte.

Doch eine Lösung musste immer noch gefunden werden. Was konnte man als Köcher für den Anker verwenden? Bei einem meiner zahlreichen Besuche im Männerparadies, sprich Baumarkt, hatte ich die Idee. In der Sanitärabteilung entdeckte ich Plastikrohre für Abwasserleitungen, die genau den richtigen Durchmesser hatten, um unseren Anker darin zu verstauen. Das war die zweckmäßige Billiglösung! 150,- € gespart!

Das Rohr wurde an Bord mit einigen Bändseln an der Reling im Bug festgebunden und nun hatten wir einen schnell greifbaren Anker genau dort, wo er hingehörte. Das Rohr war groß genug, auch noch die Leine aufzunehmen; so stopfte ich sie auch noch in das Rohr, ohne sie an der Reling zu befestigen.

Die erste Fahrt mit Ankerköcher im Bug ging hinüber nach Norderney. Es schien an diesem Tag zwar die Sonne, aber es war recht windig und meine Bordfrau hatte schon etwas ängstlich gefragt: „Wollen wir wirklich den sicheren Hafen verlassen?" „Ach, das wird schon gehen und für die folgenden Tage ist ein schönes Hoch mit wenig Wind angekündigt.", zerstreute ich ihre Bedenken.

Leinen los und auf ging's. Schon als wir die geschützte Hafeneinfahrt verließen, erwischten uns die ersten heftigen Böen und der Wellengang war auch nicht zu verachten. *Josephine* tanzte auf den Wellen und wir wurden ordentlich durchgeschüttelt. Bedingt durch den Verlauf der Fahrrinne kamen dann kurz vor Norderney die Wellen von der Seite und es wurde noch ungemütlicher. Einige Wellen spülten über unser

Vorschiff und wir waren froh als wir die Hafeneinfahrt von Norderney vor uns sehen konnten. Doch bevor wir die erreichten, schickte uns Poseidon noch einen kräftigen Brecher. Er krachte auf das Vorschiff, es gab ein eigenartiges Geräusch und wir sahen, die Bändsel, die das Rohr für den Anker gehalten hatten, lose im Wind flattern. Sie waren gerissen! Eine zweite Welle kam und spülte meine Billiglösung mitsamt Anker und Leine in die Nordsee.

Ade Anker. Wir hatten soeben etwa 170,- € versenkt. Genau das Geld hatten wir sparen wollen.

Kulinarische Katastrophen

Bootsreisen sind häufig mit einer gewissen Aben-
teuerlust verbunden und haben daher ihren besonderen Reiz. Jahrelang waren wir mit unserer *Josephine*
auf niederländischen Gewässern herum geschippert
und nun lockte uns mal wieder etwas Neues. Nachdem der eiserne Vorhang gefallen und Deutschland
wieder vereinigt war, bot sich ein Törn in die neuen
Bundesländer an. Die zahlreichen Berichte über die
Berliner Gewässer und die mecklenburgische Seenplatte in den Fachzeitschriften der Bootsszene hatten
uns neugierig gemacht. Auch wenn wir nur die Som-
merferien zur Verfügung hatten und die Anreise von
den Niederlanden schon beachtlich lang sein würde,
diese Reviere wollten wir unbedingt kennenlernen.
Wir hatten endlich den langweiligen Mittellandkanal hinter uns und die beeindruckende Fahrt im
Schiffshebewerk vom Elbeseitenkanal 38m hinunter
zur Elbe erlebt. Nur noch ein Stück elbaufwärts und
dann waren wir in der Müritz- Elde Wasserstraße und
damit in Mecklenburg-Vorpommern.
Gleich im ersten Ort beschloss meine Bordfrau:
„Heute bleibt die Pantry kalt! Wir gehen essen." Gute
Idee, zumal sich direkt am Hafen ein Restaurant befand. Als wir uns abends dorthin begaben, hatten wir
die freie Auswahl bei der Tischwahl, denn wir waren
die einzigen Gäste. Kaum, dass wir Platz genommen
hatten, schlurfte eine mürrisch blickende Bedienung
quer durch den Raum und, wohl um sich nicht über-
zustrapazieren, rief sie schon auf halber Strecke:"
Essen is nich. Die Küche hat heute Abend geschlossen. Gibt nur Getränke." Na gut, wir tranken ein Bier
und gingen zurück an Bord. Die Notlösung auf die
Schnelle hieß: Spaghetti mit roter Soße.
Ein paar Tage später erreichten wir Lübz und bei
einem ersten Landgang mit unserem Bordhund ent-

deckte ich vor einem Restaurant eine vielsprechende Reklametafel: Diverse Wildgerichte nach Rezepten aus der Region. Das hörte sich gut an.Auch die Beilagen versprachen eine kleine Gaumenfreude. Vorsichtshalber bestellte ich einen Tisch, denn ich konnte mir vorstellen, dass dies Angebot viele Gäste anlocken würde, denn schließlich war Wochenende.

Erwartungsfroh nahmen wir am Abend an dem reservierten Tisch Platz. Eine hübsche junge Bedienung überreichte uns eine nett gestylte Karte und nahm schon mal unsere Getränkewünsche auf. Während eines Sherry, es war der einzige Aperitif in der Karte, studierten wir die angebotenen Gerichte und entschieden uns für eine Wildplatte mit einheimischem Wildschweinbraten aus der Keule und Steaks von Reh und Hirsch für zwei Personen, dazu gab es saisonale Gemüse, Birnenhälften mit Preiselbeeren, Salat und wahlweise Kroketten oder Klöße. Ich orderte noch eine Flasche Rotwein und dann harrten wir der Dinge, die da kommen sollten.

Unsere Bedienung balancierte eine große Platte an unseren Tisch und wir staunten ein wenig über das, was da so lag. Die Steaks waren paniert und trieften vor Fett, während der Wildschweinbraten mehr an Gulasch erinnerte. Nachdem der Anblick schon eine Enttäuschung war, waren die ersten Bissen eine Katastrophe. Das Rehsteak war offensichtlich in einer Fritteuse mit altem Fett erhitzt worden und schmeckte entsprechend. Die Panade war pappig und wurde beim Kauen immer mehr.

Das Wildschwein schmeckte zwar besser, schien aber eines natürlichen Todes im hohen Alter gestorben zu sein, es war reichlich zäh. Da konnten auch die Beilagen nicht mehr viel retten. Auf ein Dessert verzichteten wir vorsichtshalber.

Tage später. In Plau am See lockten mehrere Restaurants mit leckeren Fischgerichten. Also unser

nächster Versuch, uns von der heimischen Gastro-
nomie verwöhnen zu lassen. In einem Gartenlokal
saßen schon etliche Gäste und das schien uns ein
gutes Omen zu sein. Die Karte las sich auch gut, vor
allem die Gerichte vom Aal, frisch aus dem See, in
allen möglichen Variationen überzeugten uns.

Meine Bordfrau entschied sich für Aal, gebacken,
während ich mich mit einem gebratenen Zander verwöhnen wollte, dazu ein leckeres Bier und es könnte
ein gelungener Abend werden.

Das Bier kam und die freundliche Ankündigung
der Bedienung, dass das Essen auch gleich serviert
würde. Sie hielt Wort. Fünf Minuten später stand ein
reichlich gefüllter Teller vor mir. Meiner Frau teilte sie
mit, dass ihr Essen auch gleich käme und entschwand
in Richtung Küche. Nach weiteren fünf Minuten forderte mich meine treusorgende Gattin auf, doch schon
mal meinen Zander zu essen, bevor er ganz kalt sei
und dann nicht mehr besonders schmecken würde.
Ihr Essen käme bestimmt auch gleich. Der Aal für
meine Frau kam. Allerdings nicht ganz das Gericht,
das sie bestellt hatte, sondern Aal in Aspik mit Brat-
kartoffeln. Kurze Diskussion mit der Bedienung, die
mit der falschen Lieferung wieder verschwand und
gelobte, gleich den Aal wie bestellt zu servieren. Kurz
darauf trug sie den nächsten Aal auf. Leider wieder
nicht in der bestellten Variation. Diesmal war es Aal
grün, ein absolutes NoGo für meine Frau. Die Gäste
an den Nebentischen, die das Aaldrama mitbekom-
men hatten, fingen schon an zu schmunzeln, als die
nun schon leicht verzweifelte Bedienung versprach im
nächsten Versuch aber wirklich gebackenen Aal auf
den Tisch zu bringen. Ich hatte gerade den letzten
Bissen meines Zander verspeist, der übrigens sehr
gut schmeckte, als endlich der ersehnte gebackene
Aal den Weg zu meiner, nach einer Stunde Wartezeit,
fast verhungerten Frau fand. Die Gäste um uns herum

applaudierten. Und während meine Frau nun ihr Aal-Gericht genoss, hatte ich Gelegenheit mich dem Studium des umfangreichen Bierangebots zu widmen.

Das Wasserfahrzeug

Während unserer ‚Wochenend-Gefangenschaft' in Appingedam (siehe „Unruhige Nächte") ging unser Frischwasservorrat an Bord zu Ende und meine Frau meinte, dass ich mich dringend darum kümmern müsse.

Ich schnappte mir also unseren Hund und machte mich mit ihm auf einen Erkundungsspaziergang durch den Ort. Ich hatte allerdings wenig Hoffnung, irgendwo einen Wasserhahn zu finden, an dem wir unseren Kanister füllen konnten. Aber Glück im Unglück, auf unserem Spaziergang entdeckten wir den kleinen Yachthafen von Appingedam und dort stand ein Sanitärcontainer an dessen Rückseite ich auch einen Wasserhahn entdeckte, wo wir unseren Kanister befüllen konnten. Diese erfreuliche Entdeckung hatte nur einen Nachteil! Sie war recht weit von unserer *Josephine* entfernt und auf dem Rückweg war dann der Wasserkanister befüllt gut 20 kg schwer. Das würde mühselig.

Ich hatte jedoch ein zweites Mal Glück an diesem Tag. In einer Ecke des Yachthafens sah ich einen Tretbootverleih und hatte die spontane Idee, mir so ein Ding zu mieten und dann damit den Wassertransport zu bewerkstelligen. Nun musste nur noch der Hund zurück an Bord gebracht werden und dann konnte es losgehen. Unsere Tochter Nadine war von meiner Idee ebenfalls begeistert und wollte natürlich unbedingt mitfahren. Meine Frau war da schon etwas skeptischer: " Meinst Du wirklich, dass das so eine gute Idee ist? Ist der Kanister nicht zu schwer für so ein fragiles Tretbötchen? Wie willst Du ihn da ordentlich festmachen, damit er nicht ins Wasser fällt? Und wenn ihr kentert geht ihr in der Kanalbrühe baden! Willst Du das nicht doch lieber zu Fuß erledigen?"

Ich zerstreute ihre Bedenken. „Ich werde sehr vorsichtig sein und den Kanister mit einer unserer Festmacherleinen ordentlich festmachen. Da wird schon nichts passieren." ,versprach ich mit treuem Augenaufschlag und verschwand mit unserer Tochter im Schlepptau in Richtung Tretbootverleih. Auf unserem Weg dorthin kamen wir an einem kleinen Käsegeschäft vorbei, dass vor der Tür einen Korb mit frischgerösteten Erdnüssen aufgestellt hatte. Da kamen wir einfach nicht vorbei, ohne zwei Tüten zu kaufen, denn Tochter und ich waren Erdnussjunkies. Und frisch geröstet... köstlich!

Im Hafen mieteten wir ein wunderbar oranges Tretboot und strampelten zu dem Sanitärcontainer. Der Kanister war schnell gefüllt und dann machten wir uns auf den Weg zu unserer *Josephine*. Nadine schlug vor doch nicht den direkten Weg zu nehmen, sondern auf dem kleinen Kanal, der mitten durch das Städtchen verlief, noch einen kleinen Umweg zu machen. Wir hatten ja das Tretboot für eine ganze Stunde gemietet und die musste man doch ausnutzen. Guter Vorschlag! Wir traten kräftig in die Pedale und machten uns auf die Stadtrundfahrt. Die Fassaden der Häuser, an denen wir vorbeikamen, waren vielfach mit Blumenkästen geschmückt und einige von ihnen hatten am Kanal sogar einen kleinen Garten. Eine hübsche niederländische Kleinstadt. Teilweise waren an den Außenwänden unübersehbar Holzvorbauten in etwa zwei Metern Höhe über dem Kanal angebracht. Nadine und ich rätselten herum, was die wohl für einen Zweck hätten. Die einzige plausible Erklärung, die uns einfiel war, dass es sich vielleicht um so etwas wie mittelalterliche Klos handeln könnte. Also sollten wir hier lieber nicht baden gehen.

Frohen Mutes erreichten wir *Josephine*, wo uns schon eine sorgenvoll blickende Mutter und Ehefrau erwartete. „Wo bleibt ihr denn? Ich habe mir schon

Sorgen gemacht, weil ihr solange weggeblieben seid."
Wir berichteten ihr von unserer Fahrt und präsentier-
ten stolz unsere Erdnussbeute. Die fand allerdings
nicht den erwarteten Beifall. „Ich habe Josephine gerade unter Deck geputzt, wenn ihr Erdnüsse puhlen
wollt, dann macht ihr das bitte auf dem Vorschiff!"

Wir entluden unser ‚Wasserschiff', verstauten den
Kanister und machten uns auf den Weg zum Bootsverleih, um das Tretboot zurückzugeben. Nadine
nahm als Marschverpflegung schon mal eine Tüte
Erdnüsse mit und meinte: „Wenn wir jetzt unterwegs
Erdnüsse puhlen fallen die Schalen in den Kanal und
da kann Mutti nicht meckern." Ich war stolz auf meine
clevere Tochter.

Werners Kalender

Das Bootsleben spielt sich nicht nur auf dem Wasser ab. Nein, der vom Bootsbazillus befallene Mensch braucht auch in den heimischen vier Wänden ein bisschen maritimes Interieur. Deswegen erhielt mein Freund Werner, der auch ein Freund des Wassersports ist, jedes Jahr zu Weihnachten einen Wandkalender mit Leuchttürmen. Der Kalender wurde wie üblich rechtzeitig in unserer Buchhandlung bestellt, damit wir dies traditionelle Geschenk auch wirklich bekamen.

Der Service unserer Buchhandlung funktionierte wie gewohnt und schon Mitte November erhielten wir die Mitteilung, dass der Kalender eingetroffen sei. Nun, bis Weihnachten war noch lange hin und wir hatten keine Eile unsere Bestellung abzuholen.

Weihnachten rückte unaufhaltsam näher und als ich mal wieder in unser Städtchen zum Einkaufen fuhr, erinnerte mich meine Frau: „Denk an den Kalender für Werner. Sonst vergessen wir noch ihn abzuholen."

Ich hatte meine Einkäufe erledigt und schon im Autoverstaut, das in der Tiefgarage unter dem Marktplatz stand, als mir ihre Mahnung einfiel. Also noch einmal zurück an das Tageslicht und hinüber zur Buchhandlung. Ich bog um die Ecke und traute meinen Augen nicht. Die Schaufenster der Buchhandlung waren rußgeschwärzt und über dem Platz davor lag eine leichte Geruchswolke aus Qualm und verbranntem Papier. Die Mitarbeiter waren gerade damit beschäftigt, Hinweisschilder anzubringen auf denen zu lesen war:

„Wegen eines Brandschadens in unserem Lager bleibt die Buchhandlung vorläufig geschlossen. Wir hoffen, Sie in Kürze wieder als Kunden begrüßen zu können. Fragen zu Bestellungen beantworten wir telefonisch unter ...."

Wieder zu Hause berichtete ich meiner Frau von dem Brand und wählte die Rufnummer, die auf dem Plakat angegeben war. Eine sehr freundliche Mitarbeiterin bat mich um etwas Geduld. Sie müsse nachsehen, ob unsere Bestellung von dem Feuer und dem Löschwasser verschont geblieben war. Nach kurzer Zeit meldete sie sich wieder: „Tut mir leid, aber der Kalender ist nicht mehr zu gebrauchen. Ich habe auch schon geprüft, ob wir ihn nachbestellen können, aber auch da haben sie Pech. Er ist leider vergriffen."

Ich beratschlagte mit meiner Frau, was wir unserem Freund an Stelle des Leuchtturmkalenders schenken könnten. Ein Wandkalender sollte es in jedem Fall sein, damit er in seinem Arbeitszimmer nicht ein ganzes Jahr auf einen leeren Fleck starren musste. Meine Frau hatte die entscheidende Idee. „Mensch, Werner interessiert sich doch auch für alte Dampfloks! Vielleicht haben die in der Buchhandlung etwas in der Richtung." Ein kurzer Anruf bei der freundlichen jungen Dame und die freute sich, mir sagen zu können, dass sie noch zwei sehr schöne Kalender mit Dampflokmotiven hätte.

Am nächsten Tag holte ich den Kalender gleich ab. Dass er ein wenig nach Rauch roch, fand ich nicht weiter schlimm, sondern sehr authentisch. Wer hat schon einen Kalender, nicht nur mit schönen Motiven, sondern auch noch dem passenden Geruch dazu. Hätte nur noch gefehlt, dass er leicht rußgeschwärzt war.

Werner war begeistert!

Traumurlaub

Schon lange träumten wir von einer Motoryacht mit der man längere Törns unternehmen konnte und das alle Annehmlichkeiten für einen komfortablen Aufenthalt an Bord bieten sollte. Per Zufall hatten wir auch schließlich ein Schiff gefunden, das unseren Vorstellungen entsprach. (s, auch 79. Bootskauf)

Die ganze Sache hatte nur einen Haken, wir konnten es nicht gleich nutzen! Wir hatten schon frühzeitig für den Sommer ein Ferienhaus in Dänemark gebucht und da sollte es in vierzehn Tagen hingehen. Fast mit Tränen in den Augen verabschiedeten wir uns von unserem Traumschiff und fuhren nach Hause. Auf dem Rückweg wurde intensiv darüber diskutiert, wie es denn heißen sollte. Der Familienrat entschied sich schließlich, dass auch dieses Schiff auf *Josephine* getauft werden sollte (siehe hierzu auch: „Namensfindung").

Während meine Ehefrau vor dem Urlaub damit beschäftigt war, die erforderlichen Klamotten herzurichten und Vorräte für den Aufenthalt in dem dänischen Ferienhaus einzukaufen, war ich mit meinen Gedanken auf unserem neuen Schiff. Wo wollten wir uns einen Liegeplatz suchen? Wohin sollte unser erster Törn gehen? Wie wollten wir dem Schiff eine persönliche Note geben (Die Gardinen gefielen uns z.B. überhaupt nicht)? Fehlte noch etwas bei der Ausrüstung? Eigentlich musste ich diese Frage mit Nein beantworten. Nur die Fender waren uns negativ aufgefallen. Wir hatten sie von der Besichtigung her als ziemlich schmutzig und vor allem farblich völlig unpassend in Erinnerung. Teilweise Orangerot, teilweise schwarz-weiß. Das sah auf dem blauen Rumpf überhaupt nicht gut aus. Auf der Fahrt nach Dänemark mussten wir in Hamburg einen Zwischenstopp einlegen, denn das Familienoberhaupt hatte die grandiose

Idee, in der Hafenstadt ein paar neue Fender zu kaufen. Wusste er doch, dass es in dieser Schifffahrtsmetropole eine Reihe von einschlägigen Geschäften für Bootszubehör gab. Und ein wenig Platz war im Auto auch noch vorhanden.

Gesagt, getan. Strahlend kam ich mit sechs dunkelblauen Fendern bewaffnet aus dem Geschäft zurück. Die würden wunderbar zu unserer *Josephine* passen. Sie waren allerdings noch nicht mit den erforderlichen Leinen versehen, um sie an unserer Reling befestigen zu können. Deswegen hatte ich auch gleich noch ein paar Meter passendes Tauwerk und ein kleines Büchlein über Knoten und Spleißen sowie einen Marlspieker eingekauft. Nun konnte der Urlaub beginnen.

Unser Ferienhaus am Limfjord hatte eine große Terrasse mit einem herrlichen Blick über das Wasser und da saß ich nun auf dem Trockenen. Wehmütig schaute ich den Motoryachten nach, die an uns vorbeifuhren und träumte von solchen Fahrten mit unserer *Josephine*. Damit mich die Wehmut aber nicht ganz übermannte, schnappte ich mir das Knotenbuch und studierte die Anweisungen zum Einspleißen eines Auges in eine Leine. Schien gar nicht so schwer... in der Theorie! Meine ersten Versuche sahen bei weitem nicht so elegant aus wie die Abbildungen in dem Buch. „Geduld!", mahnte meine Frau und bot sich an mir zu helfen. „Nö, danke. Ich will das lernen und schließlich haben wir noch gut zwei Wochen Urlaub." Nachdem ich meine ersten Versuche wieder aufgemacht hatte, klappte es schließlich. Die eingespleißten Augen sahen recht professionell aus und zufrieden präsentierte ich mein Werk. „Und Du bist sicher, dass die Spleiße halten? *Josephine* wiegt immerhin 10 Tonnen.", fragte meine bessere Hälfte skeptisch. „ Natürlich halten die und ich will Josephine ja nicht daran aufhängen. Und im Übrigen könntest

Du mal ein bisschen mehr Vertrauen in meine hand-werklichen Fähigkeiten haben!", entgegnete ich ihr im Brustton der Überzeugung.

Irgendwann ging der Urlaub zu Ende und die Qual, nur von unserem neuen Schiff träumen zu kön-nen, war vorbei. *Josephine* wurde in ihren neuen Heimathafen gebracht und die Fenderleinen haben mehrere Jahre gehalten.

*Der **Marlspieker** ist ein Universalwerkzeug an Bord eines Schiffes und dient u.a. dazu festsitzende Knoten zu lösen.

Nachtfahrt

Nach der Versetzung ins Binnenland hatten wir uns tränenreich von unserem damaligen Boot getrennt. Dieser bootslose Zustand hielt aber nicht lange an, weil wir massiv vom Bootsbazillus befallen waren. Es wurde ein neues Boot gekauft; ein kleines Sportboot mit Außenborder und trailerbar, damit wir einfach und schnell verschiedenen Binnenreviere in der Nähe unseres Wohnortes erreichen konnten. Auch die Urlaubsplanung wurde natürlich darauf abgestimmt und nach intensivem Suchen fanden wir unser Traumziel für dies Jahr, Vodice in Kroatien, an der dalmatinischen Küste. Eine günstige Ferienwohnung und ein Sportboothafen erwarteten uns.

Die herrliche Inselwelt mit ihren vielen kleinen Buchten, bot uns reichlich Gelegenheit zum Ankern und Wasserskilaufen. Die Familie war rundherum begeistert. Dem Skipper reichte das Freizeitprogramm aber auf Dauer nicht. War er doch von seiner Zeit in Ostfriesland gewohnt, seine bei der Ausbildung für den Bootsführerschein erworbenen Kenntnisse der Kartenkunde und Navigation anzuwenden. Und hier? Kaum eine navigatorische Herausforderung. Morgens raus aus dem Hafen ein bisschen Wasserski, in eine der wunderschönen Buchten mit glasklarem Wasser zum Baden, ein wenig unter dem Sonnenschirm chillen und dann nachmittags bei optimaler Sicht zurück in den kleinen Hafen. Dem Skipper war das ein wenig zu langweilig und so kam was kommen musste!

Beim abendlichen Essen in einem Restaurant an der Hafenmole hatte man einen herrlichen Blick auf die kleinen Inseln und die breiten Meeresarme. Deutlich konnte man auf dem Wasser die Tonnen erkennen, die mit den unterschiedlichsten Lichtsignalen die Fahrwasser markierten und den Kapitänen den sicheren Weg in den Hafen wiesen. Während der Vorbereitung auf die Prüfung für den Bootsführerschein hatte der Skipper die ganze Vielfalt der verschiedenen Feuerarten lernen müssen: Gleichtaktfeuer, Blinkfeuer, Funkellicht, unterbrochenes Feuer und noch einige mehr. Hier war genau die richtige Situation, um das Gelernte nun einmal in der Realität anzuwenden und so wurde für den nächsten Tag eine kleine Nachtfahrt geplant.

Als sich der Tag nach den üblichen Aktivitäten zu Ende neigte und es rasch dunkel wurde, studierte der Skipper noch einmal kurz die Seekarte und gab dann das Zeichen zum Aufbruch aus der kleinen Bucht, in der er mit seiner Familie vor Anker lag.

Auf dem ruhigen Meeresspiegel waren die befeuerten Tonnen sehr gut auszumachen und nachdem die ersten passiert waren, konnte man schon am Horizont das Hafenstädtchen mit den beleuchteten Häusern und Straßen ausmachen.

Souverän erläuterte der Skipper seiner Crew unterwegs die verschiedenen Leuchttonnen, zeigte auf die näherkommende Stadt und wies auf die deutlich sichtbare Hafeneinfahrt hin. Grünes Gleichtaktfeuer auf der einen Mole und rotes Dauerfeuer auf der anderen Mole. Einfach nur darauf zu halten und man würde bald sicher in den Hafen gelangen. Die Ehefrau meinte allerdings, dass sie die Hafeneinfahrt gar nicht so breit in Erinnerung hatte, wie es jetzt der Abstand zwischen den beiden Feuern signalisierte. Langsam waren schon die Konturen der Häuser zu erkennen und als man noch näher an die Stadt heranfuhr, konnte man die Autos und Fußgänger auf dem Hafenboulevard ausmachen. Von der Rücksitzbank ein fröhlicher Ausruf der Tochter: „Guckt mal da vorn, da ist doch die Eisdiele mit den tollen Eisbechern. Da, direkt unter dem roten Licht!" Der Skipper stutzte. Das ist doch die Hafeneinfahrt, oder etwa nicht? Ein suchender Blick über die Wasserfläche und schließlich entdeckte er tatsächlich noch ein anderes rotes Dauerlicht auf seiner Steuerbordseite. Ganz in der Nähe der grünen Markierung wies eine kaum auszu- machende trübe rote Funzel den richtigen Weg in den Hafen. Noch rechtzeitig bevor er unliebsame Be- kanntschaft mit der Kaimauer machte, drehte der Skipper leicht fluchend ab und nahm nun Kurs auf den kleinen Hafen. Seine Crew brummelte etwas von: „Das sollte er vielleicht noch mal üben!" Eine Einla- dung zu einem üppigen Eisbecher ließ die Familie den kleinen Irrtum schnell vergessen und der Wirt freut sich über die gute Wirkung seiner Neonreklame, als wir ihm von unserer Anfahrt berichten.

Disconight

Lemmer, die bei vielen Deutschen so beliebte Stadt am Rande des Ijsselmeers, war für heute unser Tagesziel. Wo andere Orte eine Ortsdurchfahrt für Autos und dergleichen haben, gibt es hier eine Wasserstraße mitten durch das Herz des hübschen Städtchens. Links und rechts am Uferdieser ‚Hauptstraße‘ waren Liegeplätze für Wasserwanderer eingerichtet und wenn man Glück hatte dort einen freien Platz zu finden, konnte man direkt am Urlaubsleben, das um einen herum pulsierte, teilhaben. Leider waren wir etwas spät dran und so hatte ich kaum Hoffnung, noch einen Liegeplatz direkt in der Stadt zu ergattern.

Vom Ijsselmeer kommend hatten wir gerade die Schleuse passiert, tuckerten nun sehr langsam um die Kurve und hielten Ausschau, ob wir nicht vielleicht doch Glück hatten. Es sah nicht so aus. Ich schaute gerade in der Karte nach, wohin wir ausweichen könnten, als meine Mutter, die auf diesem Törn als Gast an Bord war, mich anstieß, nach vorne zeigte und meinte: „Guck mal, da vorne legt ein größeres Schiff ab. In die Lücke passen wir doch locker hinein! Los beeil Dich bevor uns ein anderer Skipper zuvorkommt!" Ein klein wenig mehr Gas und schwupp lagen wir nach einem gelungenen Anlegemanöver mitten in Lemmer. Glück gehabt!

Nach dem traditionellen Einlaufgenever, den es zum Abschluss eines Etmals bei uns an Bord gibt, meldete sich meine Mutter wieder zu Wort: „Du hättest Dich wenigstens bedanken können, dass ich einen so tollen Liegeplatz für uns gefunden habe, oder?" Pflichtschuldigst bedankte ich mich und schlug vor, sie als Anerkennung zum Essen einzuladen. Der Vorschlag fand bei meiner Crew, die aus Ehefrau, Tochter und der Bordhündin Aika bestand, keinen großen Anklang. Die Weiber, mit Ausnahme des Hundes, probten den Aufstand. „Warum in die Ferne schweifen, wenn das Gute liegt so nah?" , meinte unsere Tochter, wir können doch was vom Chinesen oder was aus der Fischbratküche dahinten holen und hier auf dem Achterdeck essen! Hier haben wir einen Logenplatz und müssen bei dem herrlichen Wetter nicht in einer stickigen Kneipe sitzen." „ Na, nun mal langsam, es gibt hier ja auch etliche Restaurants mit Tischen vor dem Lokal und dort bekommt man(n) ein schönes frisches Bier zum Menü." Meine Tochter zeigte auf das andere Ufer, auf einen kleinen Supermarkt, der sich dort zwischen den Souvenir- und Klamottenläden befand und überzeugte mich endgültig mit dem Argument: „Vati, dein Bier kannst du da kaufen. Dann hast du zwar kein frisch gezapftes, aber du sagst doch sowieso immer, dass dem holländischen Pils die Krone fehlt. Also, was is?" „Okay": stimmte ich zu.

Ich ging in den Supermarkt, Mutter und Tochter entschwanden zur Nahrungssuche und meine Mutter schnappte sich den Bordhund für einen Landgang.

Nach dem Essen auf dem Achterdeck, sozusagen in der ersten Reihe an der Dorfkade, machte unsere Tochter den nächsten guten Vorschlag. „Lasst uns diesen schönen Abend genießen und noch ein bisschen ‚Mensch ärger Dich nicht' spielen." Es wurde ein gelungener Abend, den wir erst beendeten, als die Dunkelheit über Lemmer hereinbrach. Wir begaben uns in unsere Kojen, lasen noch ein wenig und schliefen bald ein.

Urplötzlich wurden wir jedoch nach kurzer Zeit aus Morpheus Armen gerissen. Mit quietschenden Reifen hielt unmittelbar neben uns auf der Straße ein Auto. Der Fahrer entlud seine Fracht, die mit Gekreische und Gejohle die Bänke an der Hafenmauer in Besitz nahm, und startete mit quietschenden Reifen wieder durch. Die Teens und Twens verschwanden kurz darauf hinter einer Lokaltür und wir hofften, dass der Spuk vorbei war. Das war ein Irrtum. Kurz darauf kam wieder eine röhrende Benzinkutsche mit einer Clique junger Leute an, die ebenfalls in dem Lokal verschwanden. Wir waren nun nicht nur endgültig wach, sondern auch neugierig geworden und schauten mal etwas näher hin, was sich wohl hinter der Fassade des vermeintlichen Lokals verbarg. Von wegen Lokal! Das war eine Disco! Das konnte ja eine unruhige Nacht werden. Wie zur Bestätigung unserer Befürchtungen ließen die Gäste die Tür offen und lautstarker Metallicrock drang zu uns herüber und ließ die Scheiben unseres Bootes vibrieren. Obwohl ein ständiges Kommen und Gehen der Discobesucher, verbunden mit phonstarker Unterhaltung, einen erheblichen Geräuschpegel verursachte, schliefen wir irgendwann doch wieder ein, zum einen, weil ein einsichtiger Mensch die Tür der Disco geschlossen hatte und zum anderen, weil wir einfach müde waren. Lediglich einmal wurden wir noch wach, als sich eine Gruppe junger Männer mit einem Trupp junger Damen auf der anderen Seite des Kanals lautstark zum Frühstück verabredete (Die Akkus ihrer Handys waren wohl leer). Für uns ein untrügliches Zeichen, dass die Disconacht nun zu Ende war.

Ob der Skipper, der uns diesen Liegeplatz überlassen hatte, sich die Umgebung etwas besser angeschaut hatte???

Irische Nächte sind lang

Die Gummidichtungen der Fenster auf unserer alten Lady *Josephine* hatten in dem strengen Winter der hinter uns lag arg gelitten und waren nicht mehr ganz dicht. Als wir uns auf der Bootsmesse in Düsseldorf von Experten beraten ließen, stellte sich schnell heraus, dass guter Rat teuer war. Die Gummidichtungen wären zwar eine relativ preisgünstige Möglichkeit, aber.... die Art von Profilgummi, die die Werft auf der *Josephine* gebaut worden war, verbaut hatte, gab es nicht mehr. In die Dichtungen, die jetzt angeboten wurden passten dann die vorhandenen Scheiben nicht mehr hinein. Also hätten wir auch neue Glasscheiben aus Sicherheitsglas kaufen müssen. Die beste, aber auch teuerste Lösung war, gleich komplett neue Fenster mit Alu-Rahmen einzubauen. Damit wäre der Renovierungsetat für dieses Jahr nicht nur ausgeschöpft, sondern reichlich überzogen. Der Familienrat kam jedoch nach reiflicher Überlegung zu dem Ergebnis, dass es auf Dauer gesehen sinnvoller sei, die alten Scheiben gegen neue Komplettfenster auszutauschen.

Nachdem das genaue Maß für jedes Fenster genommen war, wurden sie bestellt. Die Lieferung erfolgte recht rasch und so konnten wir den Umbau schon für April planen. Mein Freund Alex, ein sehr geschickter Hobbyhandwerker, hatte mir schon bei der Planung manch guten Ratschlag gegeben und bot sich sogar an, mir bei dem Einbau zu helfen. Das war ein tolles Angebot, denn die Ausschnitte im Stahl der Decksaufbauten würden wir noch etwas anpassen müssen. Vor diesen Arbeiten mit einer Flex hatte ich ein wenig Bammel, weil ich mit diesem Gerät keine Erfahrung hatte.

Mit neuen Fenstern und einem ganzen Auto voll Werkzeug machten wir uns voller Tatendrang auf zu unserer *Josephine*. Da wir die Arbeiten wegen des Funkenflugs nicht bei uns im Hafen machen konnten, verlegten wir an einen einsamen Steg in Sneek, wo weit und breit kein anderes Schiff lag, das wir in Mitleidenschaft ziehen konnten.

Wir arbeiteten fast bis zum Einbruch der Dunkelheit und kamen flott voran. Nach getaner Arbeit hatten wir dann aber keine Lust mehr uns selber zu bekochen und ich lud Alex, auch als kleines Dankeschön für seine große Hilfe, zum Essen ein. Nachdem wir gut gegessen hatten, stand uns der Sinn noch nach einem schönen Feierabendbier und Alex schlug spontan vor: „Du, als wir vorhin ein Speiselokal gesucht haben, sind wir doch an einem irischen Pub vorbeigekommen. Das wär doch was!"

„Gute Idee! Ein schönes irisches Bier haben wir uns nach der ganzen Arbeit heute an Bord redlich verdient." Und so ging es ab in den Pub. Dort gab es zu dem leckeren Bier auch noch Folklore von der grünen Insel und wir fühlten uns recht wohl dort. Mein sehr kontaktfreudiger Freund unterhielt sich mit seinen Nachbarn am Tresen und erhielt noch manchen Tipp für unseren Aufenthalt in Sneek. Die Zeit verging wie im Fluge und so manches Bier rauschte durch unsere ausgedörrten Kehlen. Alex hatte seine musikalischen Talente entdeckt und begleitete die Musik mit rhythmischem Getrommel auf dem Tresen. Ich konnte ihn gerade noch davon abhalten, auch noch eine Gesangseinlage zu bieten. Sehr fröhlich verließen wir schließlich gegen Mitternacht den urigen Pub und machten uns auf den Heimweg. Nun war Alex nicht mehr zu halten. Die frische Luft verlieh ihm ungeahnte Sangeskräfte und er fing an, ein ganzes Repertoire an Schlagern, Folklore und sogar Volksliedern zu singen. Obwohl ich ihn immer wieder versuchte zu bremsen und meinte, dass die Niederländer diese Störung ihrer Nachtruhe bestimmt nicht gut fänden, trällerte er lauthals weiter. Er intonierte gerade das Lied: "What shall we do with the drunken Sailor", als sich über uns ein Fenster öffnete. Eine männliche Stimme rief erbost, dass wir Ruhe geben sollten. Alex fand das ziemlich lustig und legte noch ein paar Phon zu. Das war dem Niederländer endgültig zu viel. Er verschwand kurz vom Fenster und als er zurückkam ergoss sich ein Eimer eiskalten Wassers über den Straßentenor. Das ernüchterte Alex im Nu. Ohne Gesang gingen wir zu *Josephine* und hauten uns in die Kojen.

Am nächsten Tag schlug Alex vor, den netten Abend von gestern könne man doch noch mal wiederholen. Ich fand die Idee auch gut, unter einer Voraussetzung. „Alex, das findet nur statt, wenn du mir versprichst, nicht wieder die Stadt mit deinen Gesängen zu belästigen!" „ Naja, das war doch wohl keine Belästigung, sonder eher eine Bereicherung des Kulturlebens. Aber ich verspreche: Heute Abend kein Weib und kein Gesang. Auch kein Wein, nur ein paar Guinness oder Kilkennys."

Unser zweiter irischer Abend endete dann auch früher, weil wir nach der vielen Arbeit der letzten Tage und dem ausgedehnten ersten irischen Abend schon bald eine große Sehnsucht nach unserer Koje an Bord verspürten. Alex verzichtete auf einen weiteren Auftritt, obwohl er sich gerne an dem nächtlichen Wasserwerfer, außerhalb dessen Reichweite gerächt hätte.

Winter an Bord

Als stolze Besitzer eines geräumigen Schiffes verbrachten wir einen Großteil unserer Freizeit an Bord und machten in den Sommermonaten so manchen Törn auf den Gewässern der Niederlande. Wir mögen die Küste auch im Winter und hatten dort hin und wieder eine Ferienwohnung gemietet, um ausgedehnte Strandspaziergänge mit unserem Hund zu machen. Irgendwann hatte meine Bordfrau mal wieder Sehnsucht nach dem Meer und schlug vor: „Warum wollen wir nicht ein paar Tage auf *Josephine* verbringen? Da sparen wir die Miete für eine Ferienwohnung und an Bord haben wir auch alles für einen komfortablen Kurzurlaub am Meer." Der Vorschlag gefiel mir und ich fragte nur: „ Warum nur einen Kurzurlaub? Wir können doch die Adventszeit an Bord verbringen. Ein kleiner Plastiktannenbaum mit schönen bunten Lämpchen, wie ihn die Fernfahrer früher in ihren LKWs hatten, sorgt für die rechte Stimmung und ein ordentlicher Glühwein für die innere Wärme." „ Du musst ja gleich wieder übertreiben; so ein scheußlicher Plastikstrunk kommt mir nicht an Bord. Über den Glühwein können wir reden.", hielt meine bessere Hälfte dagegen. Damit stand der Entschluss fest.

Ein paar Tage später fuhren wir zu *Josephine*. Natürlich hatten wir nicht nur dicke Pullover im Gepäck, sondern auch Winterbettzeug, denn unsere Sommerausstattung wäre wohl der Jahreszeit nicht angemessen gewesen. Die Dieselheizung auf *Josephine,* bisweilen ein Problemteil sprang sofort an und binnen kurzem war es unter Deck richtig mollig warm. Bevor wir in die Koje verschwanden, wurde die Heizung gedrosselt und bald lagen wir in Morpheus Armen. Schöne Träume entführten mich in fremde Gefilde, wo ich herrliche Fahrten mit meiner Familiencrew und unserer *Josephine* unternahm.

Am nächsten Morgen war es zwar etwas kühl unter Deck, weil über Nacht die Temperatur in den Keller gegangen war. -1°C, Brrr! Aber nachdem die Heizung einige Zeit wieder mit voller Leistung gelaufen war, wurde es gemütlich warm. Ein gutes Frühstück und ein heißer Kaffee rundeten das Wohlgefühl ab. Vor dem morgendlichen Hundespaziergang, ein Blick nach draußen….. das ging nicht! Die Scheiben unseres Schiffes waren beschlagen und klatschnass. Das Wasser lief schon in kleinen Bächen herunter und die Bordfrau war erst einmal damit beschäftigt das Holz unter den Scheiben trockenzulegen. Derweil machte ich den üblichen Landgang mit unserem Hund. War auch nicht gerade schön, denn nun fing es an zu regnen. Ziemlich durchnässt kamen wir wieder an Bord und brachten noch mehr Feuchtigkeit unter Deck. Meine Jacke trocknete in der Nähe der Heizung und war eigentlich bald wieder zu verwenden. Dafür lief umso mehr Wasser die Scheiben hinunter und sogar an der Decke bildeten sich erste Tropfen. Der lange Strandspaziergang auf den wir uns so sehr gefreut hatten, stand auch unter keinem guten Stern. Wir hatten ein Regenloch abgewartet bevor wir losgingen, aber kaum, dass wir den Strand erreicht hatten, duschte uns Petrus mit eiskaltem Winterregen.

Zurück an Bord hatten wir nicht nur Klamotten zum Trocknen, sondern einen Hund, der viel Feuchtigkeit in seinem Fell mit an Bord brachte. Innerhalb von zwei Stunden verwandelte sich unser Schiff nach und nach in eine Tropfsteinhöhle. Das Bettzeug in der Achterkajüte war ziemlich klamm, als wir uns in der Hoffnung auf etwas Gemütlichkeit, dorthin zurückzogen. Da war uns noch nicht einmal mehr zum Kuscheln zu Mute.

Am nächsten Morgen war es noch etwas kälter geworden und die Heizung kämpfte verzweifelt gegen Kälte und vor allem Feuchtigkeit an.

176

Beim Frühstück traf die Bordfrau dann die heroische Entscheidung: „ Mir reicht's! So habe ich mir das nicht vorgestellt. Die Klamotten werden gar nicht mehr trocken, *Josephine* hat den Charme einer Tropfsteinhöhle und ich keine Lust mehr auf Winter an Bord." Sprach's, setzte sich in's Auto und fuhr davon. Ich war etwas ratlos, was sie nun vorhatte. Nach einer halben Stunde kam sie strahlend zurück. „Ich war im Fremdenverkehrsbüro und habe eine kleine Ferienwohnung für uns gefunden und auch gleich gebucht. Nun können wir den Winter an der Küste ohne Wasser an den Wänden und von der Decke genießen!"

Es wurde doch noch ein schöner Urlaub mit Tee und Büchern und ordentlich kuscheln machte jetzt auch wieder Spaß.

Der Beulendoktor

Abends im Hafen. Ein schönes Etmal lag hinter uns. Ein wenig wurde die Freude allerdings getrübt, weil sich *Josephine* nach einer kleinen Kollision mit einem Schleusentor backbords an der Rumpfseite eine Macke eingefangen hatte.

Nach dem Festmachen schaute ich mir den Schaden näher an und kam zu dem Schluss, dass der Lack über der leichten Beule nicht wirklich beschädigt war. Er war nur etwas angekratzt. Damit aber keine Feuchtigkeit, der ewige Feind eines Stahlschiffes, unter den Lack kriechen konnte, musste ich die Schadstelle irgendwie versiegeln.

Jeder gute Skipper hat ja alle möglichen Putz- und Pflegemittel an Bord, um sein Schätzchen zu pflegen. Manchmal meint die Bordfrau deswegen, dass ich unserer *Josephine* mehr Aufmerksamkeit und Pflege zukommen lasse als ihr. Aber das ist eine subjektive Wahrnehmung und keinesfalls richtig. Ich kramte meine Pflegemittelchen, diverse Lappen und Polierwatte aus der Backskiste hervor und begab mich damit auf den Steg.

Erst ein bisschen den Schmutz abgewaschen und dann wurde die Schadstelle eingecremt. Während ich darauf wartete, dass die Politur abtrocknete, näherte sich von hinten der Skipper einer anderen Motoryacht. Kopfschüttelnd beobachtet er mein Treiben, guckte noch einmal genauer hin und meinte schließlich: „ Also, ich hab ja schon viel gesehen, aber mit putzen und polieren geht die Beule bestimmt nicht weg!" Ob dieses Kommentars war ich nicht gerade begeistert. Ich drehte mich zu dem Mann um und erwiderte: „ Nö, aber es sieht deutlich besser aus."

Der Mörderhund

Jahrelang waren wir mit Charterschiffen und später mit eigenen Booten in den Niederlanden unterwegs gewesen und kannten dort fast jedes schiffbare Gewässer. Was lag da näher, als der Wunsch, auch mal andere Reviere kennenzulernen. Da lockten vor allem die Gewässer in Mecklenburg-Vorpommern und Brandenburg. Weil uns ausnahmsweise auch die Zeit für einen längeren Urlaub zur Verfügung stand, ging es also auf eine lange Reise quer durch Deutschland bis hoch nach Schwerin und über Berlin zurück zu unserem Liegeplatz in den Niederlanden.

Der Törn durch viele Kanäle, Flüsse und Seen brachte es so mit sich, dass wir immer wieder schleusen mussten und, nachdem wir anfangs noch einen gewissen Respekt vor diesen Manövern hatten, wurden wir im Laufe der Reise immer routinierter.

Auch unser Bordhund, eine Golden Retriever Hündin, erkannte bald das Positive am Schleusen. Kaum das wir festgemacht hatten, sprang sie ans Ufer und nutzte die Gelegenheit für einen kurzen Landgang. Wir mussten sie immer nur rechtzeitig zurückrufen, damit sie wieder an Bord kommen konnte, bevor der Abstand vom Deck unseres Schiffes zum Schleusengelände zu groß wurde. Aber da unser Hund recht gut gehorchte (meistens oder zumindest immer öfter) war es bald ein gewohnter Vorgang: Einlaufen in die Schleuse, Hund an Land, schleusen, Hund rufen, ablegen, weiterfahren. So sollte auch die Routine in einer Schleuse auf der Oberen Havel-Wasserstraße ablaufen. Wir fuhren hinter einer anderen Motoryacht, auf dem eine größere Familie das Achterdeck bevölkerte, in die Schleuse ein, machten fest und während wir warteten, dass die Schiffe hinter uns anlegten, ging unser Bordhund wie gewohnt an Land. Plötzlich wurde es auf dem Schiff vor uns lebhaft. Eines der

Kinder schrie lauthals: " Guckt mal, guckt mal! Da vorne, der Hund, der hat da einen Vogel gefressen!!!" Wir fühlten uns nicht angesprochen, denn erstens ist unser Hund nicht gerade ein Raubtier, sondern eher vorsichtig und zurückhaltend, um nicht zu sagen ängstlich, und zweitens konnten wir auch sehen, wie er an ein paar Gänsen vorbeiging und so tat, als er die gar nicht sehen würde. Fröhlich wedelnd und ohne Anzeichen eines schlechten Gewissens kam er an Bord.

Wir wollten gerade wieder ablegen, als der Schleusenwärter wild gestikulierend zu uns gerannt kam und uns schon von weiten wütend zurief, dass unser Hund eines seiner Hühner umgebracht hätte! Der angebliche Missetäter stand auf dem Achterdeck und kläffte den Schleusenwärter, wie jeden Fremden, der sich unserem Schiff näherte, an. In dem weißen Fell und an der Schnauze unseres Hundes waren, auch bei intensivster Untersuchung, keinerlei Blutspuren oder Federn zu entdecken. Der Schleusenmeister hatte sich in sicherem Abstand zu der Bestie bei uns an Bord, an Land aufgebaut, so dass mir nichts anderes übrig blieb auch zu brüllen: „ Unser Hund hat wohl kaum das blöde Huhn gekillt. Ich kann weder Blutspuren in seinem Fell entdecken, noch sonst einen Beweis für den Hühnermord!". Daraufhin ereiferte er sich, wurde noch lauter und brüllte: „ Ihr fahrt erst weiter, wenn ihr mir mein Huhn bezahlt habt. Vorher wird das Schleusentor nicht geöffnet!" Derweil kläffte unser Hund munter weiter. Der Schleusenwärter wertete das als Beweis für die Gefährlichkeit dieses Untiers und bestand auf Barem. Auf den hinter uns liegenden Schiffen machte sich allmählich Unruhe breit und es gab erste unfreundliche Bemerkungen über die Landsmannschaft des Schleusenwärters. Um die Situation nicht noch weiter eskalieren zu lassen, zahlte ich den geforderten Preis (der deutlich über Discounter-Niveau lag) und wir legten ab.

Beim Ausfahren aus der Schleuse sahen wir dann am Ufer das Mordopfer liegen: Ein Haufen Federn und ein schon ziemlich vergammelter Hühnerkadaver. Ob der Schleusenwärter sich mit dieser Leiche wohl schon längere Zeit eine Nebeneinkunft verschafft hatte? Unser Bordhund ging jedenfalls unter Deck an seinen Fressnapf und vertilgte unschuldig und mit gutem Appetit seine Tagesration Hundefutter.

Der Grimbergenmönch

Unsere *Josephine* lag in Roermond in einer Halle des Steelhavens, weil ihre Außenhaut einer gründlichen kosmetischen Behandlung unterzogen werden musste; sprich sie musste neu lackiert werden. Wie üblich stellte sich bei Beginn der Arbeiten heraus, dass diese Maßnahmen doch umfangreicher waren als gedacht und geplant. Die Sanitäranlagen im Hafen waren nach der Winterpause schon wieder geöffnet, und von daher war es sinnvoll, nicht jeden Tag nach Hause zu fahren, sondern auf dem Schiff zu übernachten. Lediglich meine Bordfrau würde mir fehlen, nicht nur um mich zu bekochen, sondern auch abends in der Koje. Na gut man(n) muss halt Opfer bringen und mal auf das Kuscheln verzichten.

Ich kam mit den Arbeiten an unserer alten Lady ganz flott voran und mit der Verpflegung hatte ich eine gute Lösung gefunden. Morgens haute ich mir ein paar Eier mit Schinken in die Pfanne, dazu meine geliebte frische Milch und einen Kaffee. Mittags gab es einen Joghurt und abends nach dem Duschen gönnte ich mir einen Restaurantbesuch. Da Roermond recht viele Lokale hat, gab es auch reichlich Auswahl. Vom Chinesen über gutbürgerliche Küche bis zum Steakhaus war alles vertreten. Mein Favorit war das Lokal ‚Nautilus‘, weil es eine gute Karte hatte und ich es zu Fuß erreichen konnte. Nach der anstrengenden Arbeit tagsüber und der abendliche Dusche war der kleine Spaziergang längs der Uferpromende mit Blick auf die Maas und die Steganlagen eine willkommene Abwechslung und Erholung. Schon auf dem Weg zu dem Restaurant freute ich mich auf ein leckeres ‚Grimbergen‘. Dieses Abteibier, das schon seit alters her von Mönchen in dem Kloster Grimbergen gebraut wurde, ist ein dunkles Bier mit leicht süßlichem Geschmack, einer cremigen Blume und ca. 6,5% Alkoholgehalt. Meine Frau, dem Bier sonst nicht sonderlich zugetan, schmeckte es so gut, dass sie zur bekennenden Grimbergentrinkerin geworden war und sich diesen Genuss gönnte, wann immer sich die Gelegenheit bot. Ich hatte auch Geschmack daran gefunden und bei meinen einsamen Restaurantbesuchen, war es immer ein Anlass, an meine Frau zu Hause zu denken.

Morgen wollte ich mit meinen Arbeiten an *Josephine* fertig werden und so ging es, ein vorläufig letztes Mal, zum Restaurant ‚Nautilus'. Der Patron begrüßte mich wie einen alten Stammkunden und zapfte direkt ein ‚Grimbergen-Dubbel' für mich. Als er es servierte, erzählte er mir voller Stolz, dass er seine Terrasse heute aufgeräumt habe und nun die Saison losgehen könne. In Vorbereitung auf ein hoffentlich gutes, erfolgreiches Jahr gäbe es ab heute auch eine neue Speisekarte. Er empfahl mir, mal sein Menu à la Chef zu probieren, das wäre ein ganz besonderer Genuss. Allerdings nicht das preiswerteste Angebot. Aber schließlich hatte ich meine Arbeiten fast fertig und das war schon etwas Besonderes wert; also bestellte ich das Menü und wurde nicht enttäuscht.

Nachdem ich es mir hatte schmecken lassen, gab der Wirt noch einen ‚Ouden Genever' aus und nach dem Bezahlen verließ ich sein Lokal. Dabei kam ich an den Sachen vorbei, die der Wirt bei seiner Aufräumaktion ausgesondert und nun für die Sperrmüllabfuhr an die Straße gestellt hatte.

Ich traute meinen Augen nicht. Ganz oben auf dem Haufen lag eine mannsgroße Mönchsfigur aus Pappe, die mir mit einem Glas in der Hand zuzuprosten schien. Das war die Reklame für das Grimbergen Bier, die uns schon oft in Lokale gelockt hatte, die dieses leckere Gebräu der Mönche auf ihrer Karte hatten. Ich machte auf dem Absatz kehrt, ging wieder in das Restaurant hinein und fragte den erstaunten

Wirt, ob ich den Mönch vor einem Ende in der Müll-
verbrennung bewahren könne. Er schaute mich etwas
ungläubig an, als ich ihm noch erklärte, dass meine
Frau bekennende Grimbergen Trinkerin sei und ich
das gute Stück als Überraschung für sie mit nach
Hause nehmen wolle. Schließlich lachte er über diesen Gag und ich musste ihm nur das Versprechen
geben, den Pappmachémönch auch wirklich mit nach
Hause zu nehmen und nicht irgendwo in Roermond
stehen zu lassen.

Als ich den Mönch von dem Gerümpelhaufen herunter zerrte, wusste ich schnell warum der Wirt mir
dies Versprechen abgenommen hatte. Das Ding war
ziemlich schwer und lebensgroß so dass es zudem
nicht so einfach zu transportieren. Mir kamen ernste
Zweifel, ob es wirklich so eine gute Idee gewesen
war, meine Frau damit zu beglücken. Ach doch, wenn
ich ihr dann morgen aus dem Supermarkt dazu noch
ein Sixpack Grimbergen-Dubbel mitbringen würde,
würde sie sich bestimmt freuen.

Nach einem anstrengenden Marsch durch das
nächtliche Roermond erreichte ich ziemlich geschafft
und verschwitzt den Hafen und verstaute den leblosen
Mönch in unserem Auto. Unterwegs war ich noch ein
paar Passanten begegnet, die verwundert stehenge-
blieben waren, als sie mich mit meinen Mönch auf der
Schulter gesehen hatten. Sie hatten den Kopf ge-
schüttelt, jedoch keine Fragen gestellt, vielleicht weil
sie gedacht hatten, dass man Verrückte lieber in Ruhe
lässt.

Ich war natürlich gespannt, was meine Frau sagen würde, wenn ich sie mit dem Mönch zuhause
überraschte. Dort angekommen stellte ich ihn auf die
Veranda vor unserem Hauseingang, mit dem Sixpack
zu seinen Füßen und klingelte. Meine Frau öffnete die
Tür, sah mich an und meinte:

„Das meinst Du aber nicht ernst?"

„Och, eigentlich schon. Ich dachte, ich bringe Dir mal was Schönes mit und außerdem schmückt er unsere Veranda ungemein. Wer hat schon so eine originelle Deko auf der Veranda. Und Einbrecher wird er bestimmt auch abschrecken!"

„Das glaube ich Dir aufs Wort."

Begeisterung klang jedoch anders. Schließlich willigte sie aber doch grinsend ein, den Mönch sozusagen als Hausgeist zu akzeptieren und seitdem wacht er auf unserer Veranda über Haus und Hof.

Zahnlos

Während andere Menschen bei herrlichem Osterwetter im Garten nach den Eiern suchten, die der Osterhase gebracht hatte, waren wir mit unserer *Josephine* auf dem Ijssel- und Markermeer unterwegs. Unser Ziel war die Utrechtse Vecht mit ihren prächtigen Herrenhäusern am Ufer.

Doch auch bei uns war vor dem Ablegen der Osterhase an Bord gewesen und hatte einige Süßigkeiten versteckt. Unsere Tochter konnte es kaum abwarten danach zu suchen und war schon während des Frühstücks recht zappelig. Als sich meine Frau und ich uns den zweiten Kaffee gönnten, war sie nicht mehr zu halten und begab sich auf die Suche. Obwohl ein Schiff ja recht überschaubar ist, gibt es doch tausend Ecken und Winkel, wo der Osterhase seine süße Fracht abladen konnte.

Nach geraumer Zeit war unsere Tochter aber gut fündig geworden und hatte alle Verstecke aufgespürt. Großzügig meinte sie: „ Dieses Jahr hat der Osterhase es aber gut mit mir gemeint. Ich lege meine Beute hier oben neben den Fahrstand ins Cockpit. Da könnt ihr Euch auch bedienen." Na, das war doch ein faires Angebot. Vorsichtshalber fügte sie aber noch hinzu: „ Aber nicht alles wegessen!" Sie kannte halt meine Vorliebe für Süßigkeiten. Schon vor der Schleuse in das Markermeer hatte ich mir einige leckere Ostereier gegönnt, aber nun war Schleusen angesagt und keine Gelegenheit, dabei noch Ostereier auszupellen. Ich nahm mir daher ein Sahnetoffee, das konnte ich während der Schleusung in Ruhe lutschen und gut schmeckte es auch.

Wir hatten die Schleuse verlassen und nahmen quer über das Markermeer Kurs auf die Mündung der Vecht bei Muiden Dort wollten wir für zwei Tage bleiben, das Schloss besichtigen und die alte Festungsstadt besuchen. Ich kaute mein Sahnetoffee und dachte an nichts Böses, als ich plötzlich etwas Hartes am Gaumen spürte. Vorsichtig tastete ich mit der Zunge im Mund herum, um herauszufinden was meinen Genuss trübte. In einem meiner Zähne stieß ich dabei auf ein großes Loch und mir war sofort klar, mit dem Bonbon hatte ich mir eine meiner Goldfüllungen herausgezogen. Die fand ich auch noch gut erhalten mitten in der süßen Masse.

Und nu? Guter Rat war teuer. Meine Tochter schlug vor, die Füllung doch einfach wieder in den Zahn zu drücken. Ich bezweifelte, ob die so ohne weiteres haften und in dem Zahn bleiben würde. Hier draußen auf dem Markermeer konnte ich nur hoffen, dass ich keine Zahnschmerzen bekam. Später im Hafen würde ich nach einem Zahnarzt fragen der an den Osterfeiertagen Dienst hatte. Also Zähne zusammengebissen, - nur nicht zu fest -, und auf nach Muiden.

Der Hafenmeister dort meinte, dass es wohl einen Zahnarztnotdienst gäbe, aber nicht in Muiden. Er verschwand in seinem Büro und kam kurz darauf mit einer Zeitung zu uns. Dort fanden wir eine Liste der Zahnärzte, die über die Osterfeiertage Dienst hatten. Die nächstgelegene Praxis befand sich in Weesp. „Kein Problem!" fand der Hafenmeister: „Da fährt ein Bus hin." Er zögerte kurz und ergänzte: „Nur an den Feiertagen fährt er nicht sehr häufig und einen Fahrplan habe ich leider nicht." Unser Bordhund brauchte sowieso einen Landgang und so spazierten wir zur Bushaltestelle. Der nächste Bus fuhr morgen früh. Heute ging nichts mehr.

Ostermontag, viele Niederländer strebten in die Kirche und ich zur Bushaltestelle. Der Bus brachte mich nach Weesp und ich hatte das Glück, dass die Zahnarztpraxis nicht weit von der Bushaltestelle entfernt war. Bevor sich der Zahnarzt meinen hohlen

Zahn anschaute, wies er mich erst einmal darauf hin, dass ich bar bezahlen müsse, weil deutsche Krankenversicherungen in den Niederlanden nicht vorbehaltlos anerkannt würden. Er wisse aber aus Erfahrung, dass ich die Kosten erstattet bekommen würde.

Dann durfte ich auf dem Behandlungsstuhl Platz nehmen. Er begutachtete meinen Zahn und meinte tröstend: „ Kein Problem. Das kriegen wir hin! Ich setzte Ihnen ein Provisorium ein und wenn Sie wieder zu Hause sind können Sie den Zahn richtig reparieren lassen."

Nach gut einer Stunde war das Loch gefüllt und ich wurde als (fast) geheilt entlassen. Das Provisorium fühlte sich beim Betasten mit der Zunge richtig gut an und Schmerzen hatte ich auch keine erdulden müssen. Dankbar verabschiedete ich mich von dem niederländischen Zahnarzt unter Trennung von ein paar größeren Geldscheinen und machte mich auf den Heimweg.

Neugierig empfing mich meine Familie. „ Na wie war's? Musste er viel Bohren?"

„Nö und ziehen musste er den Zahn auch nicht. Fühlt sich alles recht gut an."

Der Urlaub verlief ohne weitere dramatische Ereignisse und da ich wie viele Menschen nicht gerne zum Zahnarzt gehe, habe ich das „Provisorium" noch zwei Jahre in dem Loch behalten.

Paul – Der Nutria

Der Tag ging zur Neige und wir saßen gemütlich auf dem Achterdeck unserer *Josephine*, die in einem kleinen Hafen südlich von Lyon, gut vertäut am Steg lag. Eine leichte, milde Brise sorgte für ein angenehmes Klima nachdem die Sonne den ganzen Tag geschienen und für Hitze gesorgt hatte. Unser Enkelkind, Vollmatrose Marie, die auch an Bord war, hatte den Tag im Strandbad verbracht und war nun ziemlich müde. Sie hatte nicht einmal mehr Lust auf ein Kartenspiel. In den Gläsern der Erwachsenen funkelte ein prächtiger Rotwein, der dem schönen Abend noch eine besondere Note verlieh. Meine Bordfrau hatte ein paar Stückchen Käse aufgetischt, mit denen wir unseren Gaumen zusätzlich verwöhnten. Eigentlich wollten wir ein wenig Törnplanung betreiben und festlegen wann wir von hier aus weiterfahren wollten und vor allem wohin. Aber die rechte Lust dazu fehlte uns und so klönten wir ein bisschen und starrten auf das Wasser hinter *Josephines* Heck.

Durch den lauen Abendwind war die Wasseroberfläche leicht gekräuselt. Plötzlich entdeckte meine Frau eine größere Welle. „Guckt mal, was ist das da?" „Wo? Ich sehe nichts Aufregendes." Auch Marie konnte nichts entdecken und meinte: „Omi, Du siehst Gespenster."„ Na, da drüben hinter dem Sportboot." Nun sah ich auch, dass sich dort etwas bewegte. Irgendetwas schwamm da im Wasser. Ein großer Fisch? Aber so dicht unter der Wasseroberfläche? Das wäre ungewöhnlich. Ich holte schnell unser Fernglas, um mir das Tier, oder was immer es war, näher anzuschauen. Da tauchte ein kleiner Kopf aus dem Wasser auf, schaute neugierig zu uns herüber und tauchte wieder ab. Also ein Fisch war das nicht. Aber was dann? Während wir noch herumrätselten, tauchte das Tier wieder auf und schwamm zu dem Boot am ge-

genüberliegenden Steg. Es kletterte auf die Badeplattform und fing an sich zu putzen. Nun konnten wir es
mit dem Fernglas sehr gut beobachten. Das Tier äh-
nelte einer Ratte. So eine Nachbarschaft fanden wir
gar nicht sympathisch. „Igitt, kann das Viech zu uns
an Bord klettern?", fragte Marie voller Entsetzen. Aber
so richtig wie eine Ratte sah es eigentlich doch nicht
aus. Während wir noch diskutierten, was es denn nun
wohl für ein Tier sein könnte, ließ es sich ins Wasser
gleiten und tauchte ab. Kurz darauf erschien es wieder und kletterte mit einigem Grünzeug im Maul auf
die Badeplattform. „ Also, eine Ratte ist das, glaube
ich, nicht. Die fressen kein Grünzeug." meinte ich und
schaute dem Nager weiter bei seinem Abendmahl zu.
Als er sein Maul weit aufmachte konnten wir sehen,
dass es orangerote Vorderzähne hatte! Da dämmerte
es mir. Vor langen Jahren hatte ich im Biologieunter-
richt mal was über Nutriasgehört und nun erinnerte ich
mich, dass ein ganz besonderes Merkmal dieser Tier
ihre orangeroten Zähne waren.

Da wir in diesem Hafen mit unserem Laptop über
eine WiFi- Verbindung in das Internet kommen konnten, schauten wir da gleich mal nach und tatsächlich
hatte ich mich richtig erinnert. Unser abendlicher Besucher war ein Nutria. Das putzige Kerlchen unterhielt
uns nun für den Rest des Abends. Immer wieder
tauchte er ab, um sich ein wenig Verpflegung aus der
Unterwasserwelt zu holen und zog sich dann damit
auf das Schiff hinter uns zurück. Zwischendurch putz-
te er sich und schien diesen Abend genauso schön zu
finden wie wir.

Am nächsten Tag warteten wir gespannt, ob er
sich wieder blicken lassen würde. Und tatsächlich, mit
Einbruch der Dämmerung kam er wieder ange-
schwommen. Spontan taufte ich ihn ‚Paul'. Erneut
zeigte er uns seine Tauchkünste, mit denen er sich
seine Nahrung aus dem Wasser holte und wir schau-

ten gespannt zu. Das Schauspiel wiederholte sich nun jeden Abend und es wurde für uns zum festen Ritual auf ‚Paul' zu warten.

Als wir dann schließlich weiterfuhren und von ‚Paul' Abschied nehmen mussten, war nicht nur Marie ein wenig traurig.

Nutria, häufiger als Sumpfbiber bezeichnet gehören weder zu den Bibern noch zu den Bisamratten. Sie sind vielmehr mit den Meerschweinchen verwandt und zählen zur Familie der Biberratten und damit zu den Nagetieren

Halt doch mal an!

Aller Anfang ist schwer; auch auf dem Wasser.

Ich hatte meinen Bootsführerschein bestanden und schon kurz darauf kauften wir uns erstes Boot. Naja, eher ein Bötchen, nämlich ein kleines offenes Sportboot. Nachdem wir damit unsere ersten Erfahrungen auf Leda und Jümme (zwei kleine Flüsse in Ostfriesland) gesammelt hatten, mussten wir jedoch feststellen, dass sich unsere Träume vom Leben auf dem Wasser damit nicht verwirklichen ließen. Insbesondere war es wohl nicht geeignet, damit Bootstouren vor der ostfriesischen Küste zu unternehmen.

Ein etwas größeres Boot, auf dem man auch übernachten konnte, musste her. Und natürlich sollte es küstentauglich sein. Genau so ein Bootsangebot entdeckten wir in einer Kleinanzeige unserer Tageszeitung und da der Preis sich im Rahmen unseres Budgets bewegte, waren wir binnen Kurzem Besitzer eines kleinen Kajütbootes.

Es war auch mit allen notwendigen Instrumenten für die Navigation in Küstengewässern ausgestattet. Der Vorbesitzer meinte zwar, dass er den Kompass eigentlich nie benötigt hätte, weil er sich im Wattenmeer sehr gut auskennen würde, aber für so Anfänger wie uns, wäre es wohl ein nützliches Gerät. Er schenkte uns noch seine Seekarten und wünschte uns nicht nur viel Spaß mit dem Boot, sondern auch immer die berühmte Handbreit Wasser unter dem Kiel.

Für die Jungfernfahrt wurde ein kleiner Törn durch das Wattenmeer geplant. Wir studierten die Seekarten; zeichneten unseren geplanten Weg zwischen den Tonnen ein und ich berechnete den Kurs, so wie ich es in der Ausbildung zum Bootsführerschein gelernt hatte.

Freitag Mittag ging es los. Die Nordsee lag vor uns. Wir suchten und fanden die Backbord- und Steuerbordtonnen, die es nun anzusteuern galt und hatten schnell unsere anfängliche Nervosität, ob denn alles klappen würde, abgelegt. Doch dann wurde der Abstand zwischen den Tonnen immer größer und irgendwie stimmte auch mein berechneter Kurs nicht so ganz mit der Realität überein. Eine gewisse Ratlosigkeit machte sich bei uns breit. Und dann kam der gutgemeinte Ratschlag meiner Bordfrau: "Halt doch mal an!" „Wie soll ich das bitte schön machen? Unser Boot ist doch kein Auto, mit dem ich mal eben rechts ranfahren kann und das Meer ist keine Straße!" entgegnete ich ihr etwas unwirsch, während uns Wind und Wellen weiterbewegten. An dem Verständnis für die Besonderheiten des Fahrens auf dem Wasser müsste ich bei meiner Bordfrau wohl noch etwas arbeiten müssen. Vorsichtshalber drehten wir um und fuhren in den sicheren Hafen zurück. Dort fanden wir dann, nachdem wir am Steg ‚angehalten' und auch angelegt hatten, die Ursache unserer kleinen Irrfahrt. Die Seekarten, die uns der Vorbesitzer so großherzig geschenkt hatte, waren schon fünf Jahre alt und nicht korrigiert worden.

Nun ja, Navigation ist, wenn man trotzdem ankommt!

Kurs hart Backbord?
Oder
Kurs an Bord

Wir lagen (nicht vor Madagaskar und hatten schon gar nicht die Pest an Bord) sondern vor der malerischen Kulisse von Namur, mit Blick auf die beindruckende Festung, die hoch über dem Zusammenfluss von Maas und Sambre aufragt. Nach einem kleinen Mittagsimbiß saßen wir auf dem Achterdeck und beobachteten das Leben und Treiben um uns herum. Während meine Bordfrau, Heide, sich ihrer großen Leidenschaft, dem Quilten widmete, hatte ich mir ein Buch geschnappt und es mir in meinem Decksstuhl gemütlich gemacht. Dazu noch ein Schluck Rotwein und es kam, was kommen musste; ich hing meinen Gedanken nach und döste bald vor mich hin.

Meine mittägliche Ruhe wurde schließlich durch ein paar weibliche Stimmen unterbrochen, die scheinbar unmittelbar neben meinem rechten Ohr munter drauflosredeten. Noch etwas abwesend realisierte ich, dass auf dem Steg neben unserem Schiff zwei Frauen standen, die sich mit Heide unterhielten. Nur mit einem halben Ohr hörte ich zu und erfuhr, dass die beiden, eine Niederländerin und eine Deutsche, Heide beim Quilten beobachtet hatten. Der farbenprächtige Quilt, an dem Heide arbeitete, hatte ihre Neugier geweckt und so waren sie zu uns herübergekommen, um sich das gute Stück aus der Nähe anzusehen. Sie waren hellauf begeistert und wollten nun auch wissen, wie man so etwas herstellen könne. Geduldig beantwortete Heide ihre Fragen und bat die beiden schließlich zu uns an Bord. Nun ging die Fachsimpelei erst richtig los und meine Siesta war endgültig vorbei. Richtig wach wurde ich jedoch, als Heide erzählte, dass sie zuhause Kurse geben würde, in denen man alles über Patchwork und Quilten lernen könne. Das fanden die beiden Frauen sehr interessant, aber an einem Kurs bei Heide teilzunehmen, schien ihnen aufgrund der Entfernung nicht realisierbar zu sein. Eigentlich schade! Da hatte meine Frau eine tolle Idee! Wenn die Beiden ihre Kapitäne überzeugen konnten, noch einen weiteren Tag in Namur zu bleiben, könnte sie hier bei uns an Bord einen kleinen Schnupperkurs geben. Die notwendigen Utensilien, wie Nähmaschine, Schneidematte, Rollschneider, Lineal und natürlich jede Menge Stoffe hatten wir ja mit auf unseren Langzeittörn genommen. Die Botschaft hörte ich wohl und dachte laut darüber nach, was ich an diesem Tag anstellen könnte. Vielleicht eine Weinprobe in der Vinothek, die ich in der Altstadt entdeckt hatte oder eine Besichtigung der Festung?

Die Niederländerin und die Deutsche entschwanden und kamen nach einer halben Stunde strahlend zurück. Sie hatten ihre Männer überzeugt. Sehr hilfreich seien dabei meine Überlegungen zur Freizeitgestaltung gewesen, insbesondere die Aussicht auf eine ausgedehnte Weinprobe habe viel Beifall gefunden.

Am nächsten Morgen wurde bei herrlichem Sonnenschein auf unserem Achterdeck ein Patchworkstudio eingerichtet und die Frauen machten sich an die Herstellung eines kleinen Quilts. Die drei Kapitäne verabschiedeten sich in Richtung Altstadt und einen ersten kleinen Imbiss.

Der Tag ging zu Ende und nicht etwa Jonny Walker kam, sondern die drei Ausflügler zurück an Bord. Voller interessanter Eindrücke und natürlich mit ein paar guten Flaschen Wein aus der Vinothek.

Die Frauen freuten sich darüber, dass sie durch den Schnupperkurs einen Einblick in die Welt des Quiltens bekommen und sogar einen Miniquilt selbst genäht hatten.

Das war dann schon einen guten Tropfen wert und so klang der erfüllte Tag mit ein paar Gläsern des leckeren Rotweins aus den Einkäufen in der Vinothek aus.

In hoc signo navigamus

Im Bootssport ist es ein schöner Brauch, Flagge zu zeigen. Damit wird kurz und prägnant beschrieben, dass man sich deutlich und unmissverständlich zu einer Idee, Organisation oder Meinung bekennt. Insofern zeigt mancher Autofahrer mit mehr oder weniger originellen Aufklebern oder mancher T-Shirt-Träger mit entsprechenden Aufdrucken sehr deutlich Flagge.

Da wir mit unserer *Josephine* alle paar Jahre den Heimathafen wechselten, um neue Reviere kennenzulernen, und wir dabei in aller Regel nur einen Liegeplatz in kommerziell betriebenen Häfen fanden, entging uns die Chance einen Clubstander in der Backbordsaling zu hissen. Aber eine Flagge dort wäre schon schön, überlegte sich der Skipper und grübelte über einer Lösung. Und die fand er... in einem bekannten schwedischen Möbelhaus, in der dortigen Stoffabteilung!

Da seine Ehefrau Elefanten schön fand, hatte Sie immer mal wieder originell gestalte Skulpturen dieses gemütlichen und Vertrauen ausstrahlenden Tieres gesammelt oder von lieben Freunden geschenkt bekommen. Im Laufe der Jahre war so eine beachtliche Sammlung zusammengekommen, die alle möglichen Ecken und Winkel unseres Hauses füllte. Da ich dem Nahrhaften sehr zugetan bin, hatte mich das auf die Idee gebracht, mir auch ein „Wappentier" zuzulegen und fortan hatte ich als Pendant zu den Elefanten Schweineminiaturen gesammelt.

Deswegen war ich hoch entzückt, als ich nun einen Stoff entdeckte, der mit Schweinen bedruckt war. Es gab ein Mutterschwein mit mehreren Ferkeln. Die Abbildungen waren nicht naturgetreu, sondern im Sinne einer ausgefallenen Interieurgestaltung waren die Schweine bunt und phantasievoll gemustert. Besonders gut gefiel mir ein Ferkel, das schmale rote

Streifen hatte, die sich diagonal über den Körper zogen. Es hatte auch einen netten Namen: ‚Polka-Gris‘. Als ich meiner Frau diesen Stoff zeigte und meine Idee erläuterte, bekam sie fast einen Lachanfall und meinte. „So eine kuriose Idee kann auch nur von dir kommen.“ Sie versprach mir aber, aus dem Stoff eine *Josephine*-Flagge zu nähen. Nach meinen Vorstellungen sollte ‚Polka-Gris‘ auf marineblaues Tuch appliziert werden. Das würde der Flagge einen sehr maritimen Touch geben.

Zu Hause begab sich die Bordfrau gleich an ihre Nähmaschine. Ich schaute ihr dabei über die Schulter, um sicher zu sein, dass sie meine Idee einer Schweineflagge auch richtig umsetzte. Als sie fertig war und das gute Stück präsentierte, war ich begeistert. Das war sie, die Flagge unter der Josephine nun künftig fahren würde! In hoc signo navigamus!.

Seitdem erlebten wir nun häufig, dass sich beim Einlaufen in einen Hafen die Ferngläser der Yachties auf uns richteten, die versuchten, unsere Schweineflagge zu identifizieren. Ein Clubstander mit einen Schwein? Was war das denn? Die besonders Neugierigen kamen nach dem Anlegen wie zufällig an unserer *Josephine* vorbei und suchten das kleine Skippergespräch, um sich beiläufig nach unserer Flagge zu erkundigen. Die meisten lachten über die Idee unserer persönlichen Flagge und fanden das ziemlich originell. Einige wenige Gralshüter maritimer Traditionen schüttelten allerdings missbilligend ihr weises Haupt und fanden ‚Polka-Gris‘ gar nicht lustig.

In hoc signo navigamus (abgewandelte lateinische Redewendung) „Unter diesem Zeichen sollst du zur See fahren.“
Polkagrisar (schwedisch für Polkaschweinchen) sind Süßigkeiten in Form von Zuckerstangen, die als Spezialität der Küche Schwedens gelten. Die traditionellen Zuckerstangen sind rot und weiß gestreift und haben einen Pfefferminzgeschmack.

El Mecanico

Unser erster Spanienurlaub mit Boot. Nach einer Fahrt, die kein Ende nehmen wollte, weil wir mit dem Boot auf dem Trailer ja besondere Geschwindigkeitsbegrenzungen beachten mussten, erreichten wir endlich das gemietete Ferienhaus in Denia.

Am nächsten Morgen erkundeten wir die Möglichkeiten, wo wir unser Bötchen während unserer Ferien vor Ort lassen konnten und fanden einen kleinen betonierten Kanal in dem schon einige Sportboote von Urlaubsgästen festgemacht waren. Dort gab es auch für uns noch ein Plätzchen. Sogar eine Sliprampe war vorhanden. Wir holten unser Gespann und ließen unsere (damalige) *Josephine* zu Wasser, zogen sie an den Liegeplatz und freuten uns auf den ersten Ausflug entlang der Küste. Noch die Kühlbox mit kalten Getränken verstaut und dann..... ging gar nichts! Der Motor sprang nicht an!

Ich war mit meinen Kenntnissen und Fähigkeiten bald am Ende und der Motor rührte sich immer noch nicht. Nun war guter Rat teuer. Auf den Bötchen in dem Kanal hatten die anderen Besitzer meine vergeblichen Bemühungen den Motor zu starten bemerkt und kamen nun zu mir. Sie gaben mir nicht nur ein paar gute Ratschläge, sondern einer von ihnen auch die Adresse eines Mechanikers, der nach seiner Aussage sein Handwerk verstand und „magic fingers" hätte. Der würde unseren Motor bestimmt wieder in Gang bekommen.

Ich machte mich auf den Weg zu der angegebenen Adresse und traf dort tatsächlich den vielgelobten Mechaniker an. Als ich ihn auf Deutsch und Englisch fragte ob er mir helfen könne, erntete ich nur ein fröhliches Grinsen und die Antwort: „Nix deutsch, nix englisch!" Unter Aufbietung meiner schauspielerischen Fähigkeiten und mit Händen und Füßen versuchte ich ihm nun klar zu machen, dass ich ein Boot hätte, dessen Aussenbordmotor nicht ansprang. Nach meiner Vorstellung in Gebärdensprache ging ein Leuchten über sein Gesicht und er strahlte mich an: " Barca? Barca!" „Si Senior, Barca! Motor kaputt! (Nix Brumm, Brumm)." Er schien mich zu verstehen, denn er schnappte sich einen Werkzeugkoffer und bedeutet mir vorzugehen.

Bei unserer *Josephine* angekommen, sah er sich den Motor an und wiegte bedenklich sein Haupt. Dann legte er seine Arbeitsausrüstung an: Ein Stirnband mit integrierter Lampe, einen durchsichtigen Gesichtsschutz und schließlich hellgrüne Gummihandschuhe. Wenn er nun noch einen OP-Kittel übergestreift hätte, hätte ich geglaubt einen Chirurgen engagiert zu haben. Er begab sich an Bord und begann damit, unseren Motor auseinanderzunehmen. Hin und wieder schüttelte er bedenklich seinen Kopf und drang immer tiefer in die Innereien unseres Motors ein. Schließlich holte er aus dem Dunkel, das er mit seiner Kopflampe erleuchtet hatte, ein Stück Schlauch und einen kleinen Filter heraus, strahlte mich triumphierend an und zeigte mir, dass diese Teile verdreckt waren und keinen Sprit mehr durchließen. Er reinigte sie, baute sie wieder ein. Schon beim ersten Startversuch sprang der Motor sofort an und schnurrte, als ob nichts gewesen sei. „El Mechanico" legte seine OP-Ausrüstung ab und überwand das Sprachproblem zur Bezahlung einfach und unmissverständlich. Er schrieb auf einen alten, leicht ölverschmierten Zettel den Betrag, den ich ihm für seine gelungene Operation schuldete.

Es war bei weitem keine Arztrechnung! Muchas Gracias Senior!

Der Hubbel vorm Paradies

Vor einigen Jahren hatten wir auf der ,BOOT' bei der Besichtigung eines Ausstellungsschiffes ein Paar aus Düsseldorf kennengelernt, Bootsbesitzer wie wir, das nicht nur in unserem Alter, sondern auch gleichermaßen von dem Boot, vor dem wir gerade standen, mächtig begeistert war. Schnell kamen wir darüber ins Gespräch und stellten zum einen fest, dass wir noch mehr Gemeinsamkeiten und zum anderen nicht das erforderliche Kleingeld hatten, um uns ein solches Traumschiff leisten zu können. Aber wir hatten ja unsere etwas betagteren Schiffe, mit denen wir unsere Törns unternahmen. Diese schon älteren Modelle bedurften natürlich intensiver Pflege, um sie uns noch lange zu erhalten und da hatten wir ein unerschöpfliches Thema.

Aus der flüchtigen Bekanntschaft wurde schon bald eine herzliche, intensive Freundschaft und wir besuchten uns nicht nur gegenseitig an Land, sondern natürlich auch an Bord unserer Schiffe.

Wir waren mal wieder bei Rainer und Birgitt in Düsseldorf und die beiden luden uns zu einer kleinen Flußkreuzfahrt an Bord ihrer *Lotus* ein. Von ihrem Heimathafen in Düsseldorf-Lörick sollte es zum Medienhafen in der nordrhein-westfälischen Landeshauptstadt gehen.

Wunderschönes Herbstwetter hatte nicht nur uns ins Freie gelockt. An den Ufern zu beiden Seiten des Rheins genossen die Menschen diesen schönen Tag. Auf der Uferpromende waren die Lokale voll ausgelastet und wir konnten mit dem Fernglas erkennen, dass neben manchem Schicki-Micki-Getränk auch reichlich ,Alt' über die Tresen ging.

Rainer hatte per Funk bei der Hafenmeisterin und Wirtin im Medienhafen angefragt, ob wir für ein paar Stunden dort einen Liegeplatz bekommen könnten.

Da er dort ein alter Bekannter war, wurden wir aufgefordert ruhig zu kommen, es würde sich schon ein Plätzchen finden.

Nachdem wir am Steg festgemacht hatten, zauberte Birgitt einen kleinen Imbiss aus der Pantry und Rainer trennte sich gerne von einer guten Flasche Wein aus seinem bordeigenen Weinkeller -sprich Stauraum in der Bilge -.Auch hier im Hafen herrschte Hochbetrieb und wir hatten auf dem Achterdeck der *Lotus* einen Logenplatz, um das spätsommerliche Treiben und pulsierende Leben zu beobachten.

Bevor es wieder zurückgehen sollte, schlug Birgitt vor, noch einen kleinen Spaziergang zu machen und da man ja nie ziellos umherirren sollte, meinte sie, dass man doch zu der nahegelegenen italienischen Eisdiele gehen könne. Die hätten ein phantastisches Eis. Ein super Vorschlag! Das Eis war köstlich!

Irgendwann mahnte Rainer zum Aufbruch, denn wir wollten nicht erst in der Nacht nach Hause kommen. Trotzdem wurde es schon dunkel, als wir die Rheinpromenade passierten. Da sich Rainer mit seiner *Lotus* in seinem Heimatrevier bewegte, das er wie seine Westentasche kannte, schien uns das nicht weiter besorgniserregend zu sein.

Gut gelaunt näherten wir uns dem ‚Paradieshafen'. Rainer führte mit mir das kleine Skippergespräch und erzählte mir, dass die Stadt Düsseldorf leider die Hafeneinfahrt noch nicht wieder ausgebaggert hätte und bei dem aktuell sehr niedrigen Wasserstand des Rheins müsse man genau wissen , wo man längs fahren müsse, um sicher in den Hafen zu gelangen. Voller Vertrauen antwortete ich ihm. „Du wirst das schon machen. Ist ja euer Heimathafen, da kennst du dich doch bestens aus."

Als wir die Hafeneinfahrt in der Dämmerung erkennen konnten, steuerte er ziemlich nah an das Ufer heran, denn dort sollte es tief genug sein. Ein paar

Angler, die dort saßen und auf den späten Fisch hofften, wurden unruhig und riefen uns zu, dass wir uns weiter vom Ufer weghalten sollten. Ihnen ging es aber wohl weniger um unsere Sicherheit, als vielmehr um ihre Angeln. Ob die Petrijünger den Fisch, falls sie denn je einen fangen würden, wirklich auf den heimischen Tisch bringen wollten oder war es pure Mordlust, die sie antrieb? Rainer ließ sich durch die Angler nicht aus der Ruhe bringen und hielt seinen Kurs... bis es leise knirschte und Lotus noch langsamer wurde, als wir ohnehin schon fuhren. Grundberührung! Vorsichtig setzte Rainer zurück und meinte, dass wir noch näher an das Ufer heran müssten. Nun wurden die Angler hektisch und holten unter wüsten Beschimpfungen ihre Angeln ein, bevor ihre Schnüre sich um die Schraube der *Lotus* wickelten.

Nächster Versuch. Ganz nah an das Ufer heran und ... es knirschte erneut. Nun verlor auch Rainer seine Ruhe. Wieder zurück? „Nö", meinte er, „Hier ist nur ein kleiner Hubbel, über den wir hinweg müssen. Das muss gehen! Letzte Woche habe ich es auch geschafft." „ Letzte Woche hatte der Rhein vielleicht noch mehr Wasser", gab ich zu Bedenken. „Nix da, das muss gehen", sprach's und gab etwas mehr Gas. Das ‚Paradies' vor uns und der Hubbel unter uns. Gott sei Dank war kein Zerberus zu sehen, der uns vielleicht endgültig die Rückkehr in das Paradies verwehrt hätte. Dafür half uns ein Berufsschiff, das hinter uns mit viel Speed und einer ordentlichen Heckwelle vorbeifuhr. Die hob uns leicht an und schwupp waren wir über den Hubbel und zurück im Paradies(hafen).

Tricolore

Saint- Jean- de-Losne. Gerade hatte unsere Fuß-ballnationalmannschaft gegen England gewonnen, was den englischen Kapitän des hinter uns liegenden Schiffes nicht gerade erfreut hatte. Er war mit anderen Worten ‚not amused'. Dennoch kam das kleine Gespräch von Skipper zu Skipper zustande und er empfahl mir für unsere weitere Tour gen Süden, doch mal im Büro der Voies navigables de France (VNF) vorbeizuschauen, dort gäbe es jede Menge Informationsmaterial. Das Büro befand sich nicht weit von uns an der Uferpromenade und war natürlich schon geschlossen, als ich mit unserem Bordhund dort hinging. Naja, Morgen ist auch noch ein Tag und wir hatten eh vorgehabt, hier ein bis zwei Tage zu bleiben.

Am nächsten Morgen nahm ich vorsichtshalber meine gut französisch sprechende Frau zu dem Büro der VNF mit, denn ich befürchtete, dass ich möglicherweise mit meinen rudimentären Kenntnissen dieser schönen Sprache nicht sehr weit kommen würde. Und so war es denn auch. Man(n) sprach nur Französisch. Der VNF-Mitarbeiter war jedoch ausgenommen freundlich und drückte meiner Frau jede Menge Prospekte und Flyer mit allen möglichen und unmöglichen Informationen in die Hand.

Ich hatte unterwegs immer wieder andere Schiffe gesehen, die die Flagge der VNF auf ihrem Schiff angebracht hatten und da wir bisher sehr gute Erfahrungen mit der französischen Kanalverwaltung gemacht hatten, wollte ich auch gerne so eine Flagge auf Josephine zeigen. Nicht nur, dass wir damit unsere Verbundenheit zu Frankreich ein wenig demonstrieren wollten, nein, ich versprach mir davon auch eine weiterhin gute und zuvorkommende Behandlung in den Schleusen, die noch vor uns lagen.

Nachdem meine Frau dem Mann hinter dem Tresen meinen Wunsch übersetzt hatte, zuckte der allerdings mit den Schultern, schürzte ein wenig die Lippen und auch ohne Übersetzung verstand ich, dass er wohl bedauerte, uns unseren Wunsch nicht erfüllen zu können. Er redete aber noch weiter und meine Frau teilte mir mit, dass er nächste Woche zur Regionaldirektion fahren würde und dann würde er wieder ein paar Flaggen mitbringen. Na, so lange konnten wir nicht warten. Als er eine gewisse Enttäuschung bei mir bemerkte, machte er den Vorschlag, dass wir doch unsere Heimatanschrift bei ihm hinterlassen könnten. Er würde dann eine Flagge zu uns nach Hause schicken. Gesagt, getan. Voller Freude bedankten wir uns und setzten unseren Törn am nächsten Tag fort.

Monate später. Wieder zu Hause. Berge von Post. Aber keine VNF-Flagge. Doch wozu gibt es das Internet. Meine Frau schrieb eine E-Mail an die Zentrale der VNF, beschrieb unsere Fahrt quer durch Frankreich und die guten Erfahrungen, die wir mit den Mitarbeitern der Kanalverwaltung gemacht hatten und fragte an, ob wir bei dieser Dienststelle eine Flagge erwerben könnten. Die Antwort kam schnell und man informierte uns, dass unsere Bitte an die zuständige Stelle weitergeleitet worden sei und von dort würden wir eine Flagge erhalten; natürlich kostenlos. Freude und Hoffnung machte sich breit. Doch zu früh gefreut. Wochen vergingen und es kam keine Flagge. Dann fragten wir noch einmal höflich und bescheiden nach. „Oh, da ist wohl etwas schief gelaufen. Excuse!" kam prompt die Antwort und ein paar Tage später eine riesige Flagge von 60 x 90 cm. Darin konnten wir *Josephine* fast einwickeln. Wir hatten eine an eine kleine Flagge für den Bugkorb gedacht, so 20 x 30cm groß. Wir bedankten uns bei der VNF und boten an, die große Flagge zurückzuschicken und erbaten dafür eine kleinere. „Oh, sie können die große Flagge gerne behalten. Ich werde trotzdem meine Kollegin bitten, Ihnen eine kleinere Flagge zu schicken."

Ein paar Tage später erhielten wir gleich zweimal Post von der VNF. Einen Brief aus Saint-Jean-de-Losne mit einem sehr netten Schreiben von dem Stationsleiter der VNF dort. Er entschuldigte sich, dass es solange gedauert hätte, bis er uns die Flagge seiner Verwaltung geschickt hätte, aber die Nachfrage, insbesondere aus Deutschland, sei so groß gewesen, dass er erst jetzt wieder einen kleinen Vorrat bekommen hätte. Der zweite Brief kam von der Zentrale und enthielt auch eine kleine Flagge. Doch damit nicht genug. Einen Tag später kam ein dritter Brief von der VNF. Diesmal von der Regionaldirektion, die für Saint-Jean-de-Losne zuständig war. Auch in diesem Brief eine VNF-Flagge. Nun hatten wir neben der großen Flagge gleich drei Kleine. Meine Frage, ob daher der Begriff Tricolore käme, wurde von meiner Frau mit dem Hinweis auf meine geringen Kenntnisse des Französischen und der Bemerkung:" Du bist blöd!" abgeschmettert.

Nun schmückt nicht nur unser Schiff eine VNF-Flagge, sondern auch an dem Flaggenmast in unserem Garten wehen fröhlich die Farben der französischen Kanalverwaltung im Wind und erinnern uns an einen sehr schönen Törn durch Frankreich.

Das Olivenmonster

Meine Frau kocht nicht nur gern sondern auch gut und das nicht nur zu Hause in ihrer großen Küche. Auch an Bord unserer *Josephine* verwöhnt sie mich und unsere Gäste immer wieder mit tollen Menus und guten Getränken.

Wir verbrachten ein ganz normales Wochenende an Bord und hatten unseren kleinen Vollmatrosen Marie mitgenommen. Sie war ganz traurig, weil sie nach ihrem Empfinden schon eine Ewigkeit nicht mehr auf *Josephine* gewesen war. (Es war aber nur drei Wochen her, dass sie uns auf einem Wochenendtörn begleitet hatte.)

Für die Verpflegung an Bord musste vor dem Wochenende noch eingekauft werden und das erledigten wir in dem großen Supermarkt in der Nähe unseres Hafens in Belgien. Das Angebot dort war zwar nicht ganz so üppig wie in Frankreich, aber in den Regalen und Tresen befanden sich schon einige besonders leckere Lebensmittel und Zutaten, die deutlich günstiger angeboten wurden, als bei uns zu Hause.

Marie war nicht besonders begeistert, als wir in den Supermarkt gingen. Das fand sie langweilig. Als wir jedoch vor dem Regal mit dem vielfältigen Olivenangebot standen, hellte sich ihre Miene rasch auf, denn Oliven isst sie für ihr Leben gern. Großzügig gestatteten wir ihr sich einige Gläschen auszusuchen. Sie war trotz ihrer Vorliebe für diese Früchte sehr bescheiden und beschränkte ihre Auswahl auf zwei kleine Gläser. Vorsichtshalber packte ich als Notration noch zwei weitere in den Einkaufswagen, denn man kann ja nie wissen…!

Nachdem wir unsere Einkäufe an Bord verstaut hatten, meinte die Bordfrau, dass sie gerne noch einen kleinen Aperitif auf dem Achterdeck genießen wolle, bevor sie mit dem Kochen anfing.

Für die Erwachsenen gab es einen Pastis und Marie erhielt ein Glas Orangina. Dazu kamen natürlich auch Oliven auf den Tisch. Marie strahlte! Sie nahm sich das Schälchen mit den grünen Früchten und kippte sie alle auf ihren Teller. Meiner Frau entfuhr ein entsetzter Aufschrei: „Marie!". Die guckte die Omi treuherzig an und meinte: „Och, Omi das schaffe ich schon." Das war wohl nicht die Sorge meiner Frau, denn sie fragte. „Und die anderen?" Marie hatte ein Einsehen mit dem Rest der Crew und legte ein Drittel der Oliven zurück in das Schälchen.

Wir grinsten uns eins über unser kleines Oliven-monster und gönnten ihr den Genuss.

Walkman – Waterman

Ostern stand vor der Tür und wir wollten kurzentschlossen in den Niederlanden eine Motoryacht chartern. Auf diese tolle Idee waren vor uns auch schon andere Menschen gekommen und so war die Auswahl an zur Verfügung stehenden Schiffen nicht mehr so groß. Eigentlich hätte uns eins von 10 Meter Länge gereicht, aber die waren schon ausgebucht. In einer etwas höheren Preisklasse fanden wir aber noch eine Charteryacht von 12,50 m. Eigentlich ein bisschen groß für meine Frau, mich und unsere Tochter Nadine. Doch die hatte die Idee, wie man den zusätzlichen Platz nutzen konnte: „Wir können doch Axel und Jens einladen, mit uns die Osterferien zu verbringen. So eine Bootstour ist für die bestimmt eine tolle Sache." Mit Axel und Jens, den Söhnen unserer Freunde, ist unsere Tochter in den ersten Jahren ihres Lebens aufgewachsen. Mittlerweile wohnten wir nicht mehr in einem Ort, sondern berufsbedingt rund 250 Kilometer voneinander entfernt, was der Freundschaft aber keinen Abbruch getan hatte. Bevor wir noch über diesen Vorschlag nachdenken konnten, hatte sie schon das Telefon in der Hand und rief bei unseren Freunden an. Axel und Jens waren sofort Feuer und Flamme und den Eltern blieb auf beiden Seiten der Telefonleitung nichts anderes übrig, als „Ja" zu sagen. Wir verabredeten uns zur Übernahme der Charteryacht und Übergabe der Söhne in Sneek.

Einweisung und Übernahme des Schiffes hatten schon stattgefunden, als Werner mit seiner Familie eintraf. Mit lautem Hallo wurden die Neuankömmlinge begrüßt und Nadine verschwand mit den Jungs an Bord, um ihnen ihre Kajüte zu zeigen. Währenddessen fragten wir die Eltern, Gisela und Werner, ob wir irgendwelche Dinge im Umgang mit ihren Söhnen beachten müssten. Werner grinste uns an und meinte:

„Nö, eigentlich nicht, aber ich hoffe ihr habt ein paar Ohrstöpsel im Gepäck." „Wie Ohrstöpsel?", fragte ich ungläubig. „Was sollen wir denn damit?" „Wart's nur ab. Axel hat zu Ostern einen Walkman geschenkt bekommen und nun hört er den ganzen Tag ziemlich laut seine Lieblingsmusik mit dem Ding." „Na, so schlimm wird's schon nicht werden." „Naja, vielleicht schon. Ich habe mir die ganze Fahrt die tollsten Hits anhören müssen." ,meinte der leidgeprüfte Vater.

Wir legten ab und begaben uns auf unseren Ostertörn, der quer durch Friesland bis nach Harlingen und wieder zurück gehen sollte. Nadine und Jens verschwanden schon bald unter Deck, um dort zu spielen und Axel saß bei uns auf dem Achterdeck mit seinem Walkman. Zunächst hörte er sich eine Kassette von Roxette an. Wieso hatte Werner was gegen diese Musik? Uns gefiel die ganz gut. Dann war Roxette zu Ende und es folgten „Die Toten Hosen" und als Steigerung „Die Ärzte". Nun verstanden wir Werner! Axel konnte sich von seinem Walkman fast nur zum Schlafen trennen. Ansonsten hatte er ihn den ganzen Tag in Betrieb. Unsere Hoffnung, dass irgendwann einmal die Batterien leer sein würden, war vergeblich. Sein Vorrat an Batterien schien unerschöpflich. Aber seinen Spaß wollten wir ihm auch nicht nehmen. Man muss auch „jönne könne", wie der Kölner sagt..

Nach ein paar Tagen erreichten wir Harlingen und kannten diese drei Kassetten fast auswendig. Aber Axel hatte uns versprochen, in Harlingen mal nach einer anderen Kassette Ausschau zu halten.

Bei unserem Anlegemanöver in dem kleinen Yachthafen von Harlingen war ich dankbar, dass ich neben meiner Frau auch noch Axel als helfende Hand an Bord hatte, denn der Liegeplatz, auf den ich manövrieren musste, war sehr eng und schlecht anzusteuern. Axel stand mit einem Fender in der Hand auf dem Vorschiff, um damit unser Charterschiff vor einer Berührung mit dem Nachbarn zu schützen und das war auch gut so. Beim Einbiegen kam ich diesem ziemlich nah und Axel beugte sich weit über die Reling, um den Fender zwischen die Bordwände zu halten. Dabei blieb er mit seinem am Gürtel befestigten Walkman unglücklich an der Reling hängen. Das Gerät löste sich, fiel auf den Boden und, wie immer an Bord, rutschte es unaufhaltsam ins Wasser.

Obwohl Axel uns leid tat und der Verlust für ihn nur schwer zu verschmerzen war, freuten sich doch unsere leidgeprüften Ohren. Mit dem Walkman war auch die Kassette von den „Ärzten" in den Fluten versunken. Deren Songs musste sich nun wohl Neptun mit seinen Wassergeistern anhören. Ob denen wohl diese Musik gefiel?

Kleine Anmerkung am Rande: Axel ist heute ein gefragter und erfolgreicher Hörgeräteakkustikermeister!

Maikäfer flieg….

Auf der Suche nach einem geeigneten Schiff waren wir auf die Idee gekommen, auch in den Niederlanden danach zu suchen. In unserem Nachbarland ist ja gefühlt die Hälfte der Bevölkerung mit einem Wohnwagen oder Wohnmobil ausgerüstet, während die andere Hälfte in irgendeiner Form einen schwimmenden Untersatz besitzt.

Also fuhren wir an den folgenden Samstagen jeweils frühmorgens nach Roermond, kauften uns die Tageszeitung „De Telegraaf" und studierten in einem Cafe die Verkaufsanzeigen für Boote.

Da wir uns noch in der Vor-Handy-Zeit befanden, ging es dann nach der Auswertung der Angebote zum Postkantoor und wir riefen die Bootsbesitzer an, um noch Näheres zu erfahren und um dann eine Rundreise zu den verschiedenen Booten zu planen, die uns von der Beschreibung her gefielen. Da wir auch noch in der Vor-Navi-Zeit waren, fand diese Planung mit dem Straßenatlas wieder in dem Café statt, wo man uns schon bald wie gute alte Bekannte begrüßte.

Was wir dann vor Ort zu sehen bekamen, war ein buntes Spektrum vom Oldie über ein halbfertiges Schiff bis hin zu schrottreifen Schiffen, für die man wohl noch nicht einmal mehr eine „Abwrackprämie" erhalten hätte.

Bei einer der Bootsbesichtigungen stand in der Bilge zentimeterhoch Motoröl. Der Besitzer meinte lakonisch, das wäre nicht weiter schlimm, es wäre nur eine Dichtung undicht und wenn der Motor Gefahr lief trocken zu laufen, würde er das Öl aus der Bilge mit einer alten Suppenkelle aufschöpfen und wieder in den Motor füllen. Die Niederländer sind ja als recht sparsam bekannt, aber uns überzeugte diese Methode nicht. Die Wände eines anderen Schiffes waren mit plüschigem Tigerfellimitat beklebt. Passend dazu gab es eine romantische rote Beleuchtung. Wir hatten das Gefühl, auf einem schwimmenden Freudenhaus zu sein. Auch nicht unser Ding. Ein anderer Besitzer hatte sein Achterdeck nicht nur überdacht, sondern rundherum mit großen Glasflächen zugebaut. Es sah aus wie ein schwimmender Wintergarten. Obwohl bei der Besichtigung die Außentemperaturen noch keine sommerlichen Werte erreicht hatten, war es gut warm in diesem Aufbau. Der Konstrukteur hatte nämlich vergessen seine Fenster so zu bauen, dass man sie öffnen konnte. Im Sommer konnte man hier statt zu chillen, allenfalls sich selber grillen. Dann fanden wir ein Boot, das uns rundherum gut gefiel, bis der aktuelle Besitzer uns dezent darauf aufmerksam machte, dass der Druckfehlerteufel (wohl ein Verwandter des Klabautermanns) in seiner Annonce zugeschlagen hatte. Vor dem angegebenen Preis fehlte schlicht eine ‚2'. Damit lag der Preis für dieses schöne Schiff weit außerhalb unseres Budgets.

Nach diesen Enttäuschungen hatten wir unsere Hoffnung, auf diese Weise ein Boot für uns zu finden, schon fast aufgeben, als wir doch noch auf ein vielversprechendes Angebot stießen.

Das Boot lag auf den Vinkeveense Plassen bei Amsterdam und der Eigner machte uns vorsorglich darauf aufmerksam, dass es etwas schwierig sei, es zu finden. Trotz seiner detaillierten Wegebeschreibung verfuhren wir uns auch prompt und kamen erst nach längerem Suchen und mit einiger Verspätung dort an. Der Bootsbesitzer hatte jedoch auf uns gewartet und freute sich, dass wir es doch noch geschafft hatten ihn und sein Boot zu finden. Da wir durch unsere Irrfahrt einige Zeit verloren hatten, begannen wir umgehend mit der Besichtigung. Das Boot hatte kein Achterdeck, sondern eine offene Plicht mit einem Zeltdach und flexiblen Seitenteilen, die sich mit Reißverschlüssen verschließen ließen. Im Heck befand sich eine kleine Kajüte und im Vorschiff eine Pantry sowie noch eine weitere Kajüte mit einem Bett. Diese Aufteilung war etwas ungewöhnlich, bot aber ausreichend Platz für unsere Ansprüche. Nach der Besichtigung unter Deck ging es nach draußen. Meine Frau, die bei unseren Törns für das Festmachen im vorderen Bereich zuständig ist, kletterte aus der Plicht und wollte über das schmale Gangbord zum Bug gehen. Der Besitzer warnte noch, dass es heute etwas rutschig sei und sie sich an dem Handlauf auf dem Dach des Vorschiffs gut festhalten sollte, denn eine Außenreling gab es auf diesem Schiff nicht! Zu spät! Heide rutschte aus, kaum dass sie nach draußen geklettert war, versuchte noch vergeblich sich an dem Handlauf festzuhalten, der jedoch bereits jenseits ihrer Reichweite lag, drehte eine kleine Pirouette und fiel rückwärts mit breit ausgestreckten Armen und Beinen ins Wasser. Mit ihrer roten im Wasser aufgeblähten Jacke sah sie aus, wie ein auf dem Rücken liegender Maikäfer, der mit strampelnden Gliedmaßen vergeblich versuchte, wieder auf die Beine zu kommen. Obwohl diese Luftnummer sehr lustig anzusehen war, verkniff ich mir (wenn auch mit Mühe) ein Lachen. Heide schwamm drei Züge bis zu der Badeleiter am Heck und kletterte triefend auf die kleine Badeplattform. Der Bootsbesitzer hatte die Situation schnell erfasst und in der Zwischenzeit einen Bademantel aus der Achterkajüte geholt. Der diente erst als ‚Umkleidekabine' und dann zur Erwärmung der kühnen Schwimmerin. Der Bootsbesitzer kochte auch noch schnell einen heißen Tee und in Ermanglung von Rum gab es dazu einen Schuss Genever zur Erkältungsvorbeugung. Nach diesem Erlebnis war ihm aber wohl klar, dass es heute zu keinem erfolgreichen Vertragsabschluss kommen würde. Dennoch war er so nett, Heide für die Heimfahrt einen Jogginganzug aus seinen Bordbeständen anzubieten. Nur an passenden Dessous mangelte es in seiner Bordausstattung.

Ohne „unten drunter" machten wir uns auf den Heimweg. Bei meiner Meerjungfrau meldete sich schon kurz nach der Abfahrt der kleine Hunger. Und was lag da in den Niederlanden näher, als nach einer Frittenbude Ausschau zu halten. Aber heute war wohl nicht unser Tag. Während man sonst an fast jeder Straßenecke eine ‚Frituur' findet, entdeckten wir heute trotz intensivster Suche keine einzige. In ein Restaurant -nicht einmal zu McDonalds- wollte meine Frau mit ihrem geliehenen Outfit absolut nicht. Ich versicherte ihr zwar, dass sie in dem Jogginganzug, dessen Rückseite ein großes Vereinsemblem von Ajax Amsterdam zierte, gar keine schlechte Figur machte. Doch ich weiß bis heute nicht so recht, ob das darauf folgende Knurren von ihrem leeren Magen kam oder einen anderen Grund hatte.

Der Grußhut

Wenn sich Motoradfahrer auf der Straße begegnen, heben sie meist sehr lässig die linke Hand und grüßen so den seelenverwandten Biker auf der anderen Straßenseite. Auch die Bootfahrer haben sich diese Art der Begrüßung zu eigen gemacht und so wird von Bord zu Bord mancher Gruß gewechselt. In den Sommermonaten, wenn sich neben den originären Bootsbesitzern mit ihren Schiffen auch noch die Charterflotten auf den Gewässern tummeln, kommt es dann mancherorts zu wahren Grußorgien und man bekommt den Arm kaum noch herunter.

Wir waren mit unseren Freunden auf einem kleinen Wochenendtörn unterwegs und mit uns waren noch, gefühlt, tausende anderer Menschen auf diese Idee gekommen. Mein Freund Gottfried stand neben mir an dem Fahrstand auf dem Oberdeck und bewunderte meine Grußkondition: „ Sag mal, wird Dir der Arm nicht langsam lahm oder hast Du im Winter eine gezieltes Grußkonditionstraining absolviert?" „Nö, weder noch. Aber man ist ja höflich, auch wenn es langsam lästig weil anstrengend wird." entgegnete ich ihm. Mein Freund ist ein Tüftler und Bastler und so war es nicht verwunderlich, dass er schon kurz darauf eine Idee präsentierte: „ Wie wäre es, wenn Du Dir von einer ausgedienten Schaufensterpuppe einen Unterarm besorgst und den dann fest an der Backbordseite installierst. Vielleicht noch mit einem kleinen Elektromotor ausrüstest und dann komfortabel per Knopfdruck grüßt?" Die Idee hatte was, aber so eine tote Hand? Ne! Auch die Bordfrau protestierte energisch, weil sie befürchtete, dass sich dann die anderen Bootsfahrer veräppelt fühlen könnten.

Als ich im linken Arm schon gewisse Ermüdungserscheinungen verspürte, hatte ich eine andere, bessere (?) Idee. Ich besaß doch einen wunderschönen

Strohhut. Der kam zwar eigentlich nur bei prallem Sonnenschein, also leider viel zu selten, zum Einsatz, aber mit dem zu grüßen, würde doch sehr vornehm und würdevoll aussehen. Außerdem konnte ich den Hut nun wechselweise mit der rechten und der linken Hand ziehen.

Mein Freund dachte aber immer noch über eine technische Goldrandlösung nach. „Wie wäre es, wenn Du den Hut auf eine Stange montierst? Die vorbeifahrenden Kapitäne müssten dann den Hut auf der Stange grüßen, wie damals die Schweizer bei ‚Wilhelm Tell'! Das wär's doch, oder?" „ Also mein lieber Gottfried, ich glaube nicht, dass das eine gute Idee ist. Erstens bin ich nicht der Landvogt Gessler und zweitens bezweifele ich, dass die anderen Bootfahrer den Zusammenhang verstehen würden."

Also blieb es beim manuell betriebenen Grußhut, was ja immerhin schon etwas origineller als der lässige Bikergruß ist.

Der Bootskauf

Endlich! Wir hatten es gefunden …unser Traumschiff.

Ich hatte es in der Zeitung „Boots-Börse" gefunden, in der die Annonce des Vorbesitzers allerdings in eine falsche Rubrik gerutscht war. Der Text las sich vielversprechend und in einem kurzen Telefongespräch verabredeten wir noch für den gleichen Tag einen Besichtigungstermin.

Viel zu früh und reichlich gespannt was uns erwarten würde, erreichten wir den Yachthafen am Niederrhein kurz vor der Grenze zu den Niederlanden. Ein Blick vom hohen Ufer hinunter auf die Steganlage und wir entdeckten dort ein Schiff, das so aussah, wie das Foto in der Zeitung. Dennoch kamen uns Zweifel. War es das wirklich? Es sah etwas größer aus und war für den angegeben Preis in einem optisch sehr guten Zustand. Wir hatten uns schon etliche Motoryachten bei unserer Suche nach einem eigenen Schiff angesehen und waren meistens enttäuscht worden, weil Preis, Zustand und Ausstattung meist in krassem Widerspruch zueinander standen.

Erwartungsvoll gingen wir hinunter auf die Steganlage und versuchten schon mal einen Blick in das Innere zu werfen. Da der aktuelle Besitzer aber die Vorhänge zugezogen hatte, konnten wir nicht viel erkennen. Auch aus der Nähe bestätigte sich unser erster Eindruck. Das Schiff war anscheinend in einem guten Zustand und die Antennen oben auf dem Mast ließen auf eine ordentliche Ausstattung schließen.

Der Besitzer kam und erzählte uns leichtsinnigerweise, dass sich bisher kein Interessent auf seine Anzeige hin gemeldet hätte. Er führte das darauf zurück, dass die Saison ja schon lange begonnen hätte. Ich dachte mir, dass dies wohl eher daran lag, dass seine Annonce in der falschen Rubrik erschienen war.

Egal, das mangelnde Interesse konnten wir vielleicht bei den Verhandlungen über den Preis noch nutzen. Aber erst einmal mussten wir nun das Schiff gründlich in Augenschein nehmen.

Wir gingen an Bord und auch dort bestätigte sich der gute Eindruck, den wir beim ersten Anblick gewonnen hatten. Es ging unter Deck und nun waren wir endgültig überzeugt, dass dies die Motoryacht war, nach der wir so lange gesucht hatten. 11 Meter lang, 3,50 Meter breit, mit entsprechendem Platz für uns, zwei Maschinen im Bauch und alle erforderlichen Instrumente auch für Törns in Küstengewässern.

Bei einer kurzen Probefahrt auf dem Rhein zeigte sich, dass die Motoryacht sehr gut zu manövrieren war und gut im Wasser lag. Die Heckwellen der Berufsschiffe beindruckten sie kaum und es gab keine unangenehme Schaukelei. Allerdings fühlten wir uns mit dem „Noch-Besitzer" am Ruder nicht besonders wohl. Er hatte das Schiff überhaupt nicht im Griff und fuhr mit uns in einem Schlingerkurs auf dem Rhein herum. Der Fluss war hier zwar mächtig breit und dennoch kamen wir immer wieder den Berufsschiffen gefährlich nahe. Lag das am Steuermann oder am Schiff? Nach einer Weile durfte ich das Ruder übernehmen. Das Objekt unserer Begierde lag gut im Wasser und hielt brav seinen Kurs, geringe Kurskorrekturen, die durch die Heckwellen der Berufsschiffe erforderlich waren, setzte es sauber und schnell um. Es war Liebe auf den ersten Blick zwischen diesem Schiff und mir.

Zurück im Hafen zischte mir meine Frau in einem unbeobachteten Augenblick zu: „Das is es! Mach nur noch was am Preis." Der Vorbesitzer ließ tatsächlich mit sich handeln und so waren wir am Ende der Besichtigung stolze Besitzer der Motoryacht.

Seitdem hat uns *Josephine* treu und brav über viele Gewässer Europas getragen. In den Niederlanden sind wir mit ihr über fast alle schiffbaren Flüsse und Kanäle, das Ijsselmeer und durch die Waddenzee gefahren. In Deutschland haben wir mit ihr die Gewässer Mecklenburg-Vorpommerns und Neubrandenburgs erkundet. Auf dem Weg dorthin umspülte die Elbe ihren Rumpf und auf dem Mittellandkanal passierten wir meine Heimatstadt Hannover.

Und dann haben wir uns mit *Josephine* unseren großen Traum erfüllt. Durch die Niederlande und Belgien sind wir in Frankreich gen Süden bis hinunter zum Mittelmeer gefahren.

Mit unserem Bootsfahrerleben ist aber noch nicht Schluss, der Bootsbazillus hat uns noch nicht verlassen und die nächsten Törns mit *Josephine* sind schon geplant.

Abendidylle

Die letzte Schleuse für heute war geschafft. Der Schleusenwärter schloss sein Häuschen ab, wünschte uns noch einen schönen Abend und dann war Feierabend für ihn. Wir entdeckten direkt hinter der Schleuse einen kleinen Steg am linken Ufer, der wie für unsere *Josephine* gemacht schien. Es gab zwar keine Stromversorgung und keine Möglichkeit Frischwasser zu bunkern, aber für eine Nacht ein idealer Liegeplatz. Wasser hatten wir noch genug im Tank und bei nur einer Nacht ohne Landstrom würde unser Kühlschrank halt über die Bordbatterien versorgt.

Nachdem wir an dem kleinen Steg angelegt hatten, ging Heide unter Deck, um das Abendessen vorzubereiten. Ich machte es mir auf dem Achterdeck bequem und hielt im Logbuch die Ereignisse und Impressionen des Tages fest. Nach kurzer Zeit kam meine Bordfrau mit einem Aperitif zurück und wir hatten Muße, uns unsere Umgebung ein wenig näher anzusehen.

Auf der Kanalseite, wo wir mit *Josephine* lagen, standen ein paar alte Bauernhöfe mit Stallungen, Scheunen und schönen alten Bäumen drum herum. Auf der anderen Seite war eine neuere Siedlung mit Einfamilienhäusern auf recht großen Grundstücken, mit teilweise prächtigen Gärten entstanden. Die beiden Dorfwelten waren durch eine Brücke miteinander verbunden, über die hin und wieder ein Trecker rumpelte. Die feierabendliche Ruhe wurde bisweilen noch durch ein vorbeifahrendes Auto unterbrochen, mit dem die Einwohner, die wohl in der nahgelegenen Stadt arbeiteten, nun nach Hause kamen. Ein milder Abendwind trug hin und wieder das Lachen von Kindern, die irgendwo in einem der Gärten spielten, zu uns herüber.

Mit einem Mal war es vorbei mit der Abendidylle! Eine Hühnerschar und eine Gruppe Enten, die in einem großen Auslauf direkt neben uns bisher friedlich nach Körnern und Würmern geschart hatten, fingen lauthals an zu gackern und zu schnattern. Aufgeregt rannten die kleinen Küken zu ihren Müttern und drückten sich ängstlich an sie. - Ein großer Raubvogel zog über ihnen still und majestätisch seine Kreise. Er wollte sich wohl ein gutes Abendessen besorgen. Allmählich kam er immer tiefer und wir konnten ihn nun besser sehen. Seine leuchtendweiße Brust und der weiße Kopf waren nun deutlich auszumachen und wir identifizierten ihn als Fischadler, der hier in den neuen Bundesländern ja noch heimisch war. Er hatte nur noch eine Höhe von ungefähr zehn Metern als er plötzlich mit nach vorn ausgestreckten Krallen herabstieß. Sein Ziel waren aber nicht die ängstlich kreischenden Küken, sondern die Wasseroberfläche direkt hinter unserem Schiff. Dort hatte er einen Fisch erspäht und für den gab es kein Entrinnen mehr. Die Krallen verschwanden kurz im Wasser und hielten einen zappelnden Fisch fest. Alles Wehren half dem Schuppentier aber nicht, der Fischadler hatte es fest im Griff und stieg wieder in die Höhe, um mit seiner Beute hinter dem Baumwipfeln zu verschwinden.

Der Lärm der Hühner und Enten hatte die Bäuerin alarmiert, die nun in den Garten schlurfte und wohl hoffte, dass nicht etwa ein Fuchs ihrem Federvieh einen Besuch abgestattet hatte. Da der Fischadler nicht mehr zu sehen war und auch sonst kein Grund für die Aufregung zu erkennen war, trieb sie kopfschüttelnd Hühnerschar und Entenfamilien für die Nacht in den Stall am Ende des Grundstücks, sammelte noch ein paar Eier ein und verschwand immer noch kopfschüttelnd wieder in dem alten Fachwerkbau.

Auf der anderen Uferseite kehrte auch Leben in die tagsüber verlassenen Häuser zurück. Die Einwohner waren von der Arbeit nach Hause gekommen und nahmen nun von ihren Gärten Besitz. Erste zarte Grillgerüche kündigten an, dass es an diesem schönen Sommerabend Outdoorverpflegung geben würde. Auch in dem Haus, das auf der uns gegenüberliegenden Kanalseite lag, war die Familie nach Hause gekommen. Die Jalousien wurden hochgezogen, die Terrassentüren geöffnet und kurz darauf stürzte sich das Ehepaar in die kühlenden Fluten des Kanals.

Von einem anderen Gehöft auf unserer Seite war plötzlich ein Aufschrei zu vernehmen: „ Otto! Der blöde Zosse ist wieder mal ausgerissen! Irgendein Blödmann hat die Stalltür offengelassen und jetzt steht der Gaul im Obstgarten und frisst uns die ganzen Äpfel vom Baum." Bauer Otto machte sich auf den Weg, um sein Pferd einzufangen. Das wollte sich aber nicht von den schmackhaften Äpfeln trennen. Immer wenn der Bauer es fast fassen konnte, trabte es schnell zum nächsten Baum und setzte sein Abendmahl dort fort. Erst als der Braune scheinbar satt war, ließ er sich einfangen und der Bauer brachte den Ausreißer wieder zurück in den Stall. Im Hintergrund schimpfte seine Frau noch ein wenig und dann trat auch auf diesem Hof wieder Ruhe ein.

Allmählich verschwand die Sonne hinter den Bäumen und mit der Dämmerung verstummten auch die letzten Geräusche. Das kleine Dorf ging schlafen.